# 智慧城市
## 建设理论与实践

朱桂龙　樊　霞　著

科学出版社
北　京

## 内 容 简 介

本书从理论和实践两大视角对智慧城市建设进行了透视分析：首先，从理论视角总结凝练现有研究的逻辑，解决智慧城市建设的原理问题；其次，高度嵌入广州现实实践情境，层层剖析广州智慧城市建设的现状、问题及对策，解决理论的落地问题。与以往的智慧城市建设研究不同，本书采用理论导向和问题导向的双元嵌合结构视角，以智慧城市建设经典理论和卓越实践为切入点，着力解决智慧城市建设的运行模式问题和如何建设智慧城市的方法机制问题，在一定程度上打开了智慧城市建设在理论和实践中的“黑箱”，为智慧城市建设理论和实践提供有益借鉴。

本书既可作为城市管理者和建设者的参考读物，也可作为相关专业的教材使用。

**图书在版编目(CIP)数据**

智慧城市建设理论与实践 / 朱桂龙，樊霞著．—北京：科学出版社，2015

ISBN 978-7-03-043001-4

Ⅰ．①智… Ⅱ．①朱… ②樊… Ⅲ．①现代化城市－城市建设－研究－中国 Ⅳ．①F299.2

中国版本图书馆 CIP 数据核字(2015)第 008320 号

责任编辑：马　跃 / 责任校对：贾如想
责任印制：张　伟 / 封面设计：蓝正设计

科学出版社出版
北京东黄城根北街 16 号
邮政编码：100717
http://www.sciencep.com
北京虎彩文化传播有限公司印刷
科学出版社发行　各地新华书店经销

*

2015 年 1 月第　一　版　开本：720×1000 1/16
2023 年 8 月第七次印刷　印张：10 1/4
字数：206 000

**定价：92.00 元**

（如有印装质量问题，我社负责调换）

# 目 录

# 第 1 章

# 智慧城市的概念、理论内涵与特征

随着社会经济的不断发展，许多城市也在迅速扩张，在可持续发展这一理念主导的时代背景下，城市的发展和扩张面临着诸多挑战：低效的城市管理方式、难以发挥实效的城市应急系统、拥堵的交通系统、过度的资源消耗、日益严重的空气污染问题、碳排放不断增加导致的全球气温变化等。而面临这些实际的挑战，城市必须应用新的措施和技术，探索新的发展路径和模式。智慧城市(smart city)是 20 世纪末以来在全世界范围内出现的关于未来城市发展的新的理念。作为一种崭新的城市形态，智慧城市具有透彻感知、泛在互联、高效协同、精准管控、创新应用、和谐发展等特征(杨冰之和郑爱军，2012)。智慧城市对于应对全球城市快速发展中出现的人口膨胀、交通拥堵、环境污染等问题具有重要的意义。随着智慧城市建设的不断深入，尽管国内外众多学者及机构从多种视角、多种维度对智慧城市的内涵和建设要素进行了阐述与演绎，但目前对于智慧城市的认识并不统一。而在当前我国智慧城市建设兴起以及智慧城市建设经验不足的背景下，科学认识和把握智慧城市建设和发展的内在机理，是我国智慧城市建设与发展的前提。

## 1.1 智慧城市概念的提出与发展历程

1990 年，以“智慧城市(smart cities)，快速系统(fast systems)，全球网络(global networks)”为主题的国际会议在美国圣弗朗西斯科召开，会议探讨总结了城市通过信息技术聚合“智慧”，从而形成可持续的城市竞争力的成功经验。会议的论文集是早期关于智慧城市研究具有代表性的成果。

从 20 世纪 90 年代中期开始，新加坡将信息通信技术(information communication technology，ICI)应用于城市的各个运行领域，以知识为核心要素推动城市全面发展转型。通过与国际商业机械公司(International Business Machines Corporation，IBM)合作，斯德哥尔摩开始试用智能交通系统，交通状况和污染情况得到显著改善。进入21世纪以来，借助信息相关产业的技术创新，新加坡、美国、欧洲联盟(简称欧盟)等发达国家(地区)以及印度、中国等发展中国家陆续运用信息通信技术，探索城市发展的新模式。

随着单个智慧项目的成功运营，各国进一步整合城市运行的各个核心系统，进而运用多项智慧技术从整体上推进智慧城市建设。2006年，新加坡实行了“智慧国2015”计划，目标是建设成为经济、社会发展先进的国际化大都市。2006年，欧盟委员会成立了欧洲Living Lab，该组织使用先进的信息和通信技术来调动各方“集体的智慧和创造力”，为城市发展过程中遇到的问题提供解决的办法，此外，其还搭建了欧洲智慧城市网络。2009年，欧盟和日本都相继提出了智慧城市计划。

智慧城市成为全球城市关注热点的标志性事件是2008年11月IBM公司总裁兼执行总裁(chief executive officer，CEO)彭明盛第一次提出“Smart Earth”(智慧地球)的概念。次年1月，彭明盛向美国总统奥巴马提出了“智慧地球”的战略，提议新政府投资新一代的智慧型基础设施。奥巴马给予了积极回应，将其作为美国危机后重整经济的国家战略。目前，全球(不含中国)约有200多个城市正在建设智慧城市。国际智慧城市组织(Intelligent Community Forum，ICF)等相关研究机构陆续成立，并开展“全球智慧城市奖”评选活动。

国内智慧城市概念的提出源于2006年南京“发展智慧产业，构建智慧城市”的初步设想。国内智慧城市以软件产业为龙头，并提出了建设“中国软件名城”的目标。2007年成功举办了“智慧产业发展与创新论坛”。2008年年底，IBM公司出于自身产业转型和推销软件与服务的商业目的，提出“智慧城市在中国”的战略。2009年8月7日，时任国务院总理温家宝视察中国科学院嘉兴无线传感网工程中心无锡研发分中心，明确要求要尽快建立中国的传感信息中心，并在11月的首都科技界大会上发表了《让科技引领中国可持续发展》的演讲，指出要着力突破传感网、物联网关键技术，尽早部署后因特网协议(Internet Protocal，IP)时代相关技术研发，发展信息网络战略性新兴产业，从而推动产业创新。可见，建设智慧城市已经上升到我国科技发展的国家战略层面。从2009年年初开始，北京、上海、广东、南京、宁波等十几个省市相继提出了智慧城市的建设目标，很多地方政府把智慧城市列入规划前期研究的重点课题，一些城市开始编制智慧城市专项规划，智慧城市的建设成为当前我国城市发展的重要趋势。表1-1是对国内外智慧城市发展历程中一些重要事件的概括，如2010年，科技部等部门在武汉举办了“2010中国智慧城市论坛”。“智慧化”是继工业化、电气化、信息化之后全球科技革命的又一次新突破，全球很多国家将智慧城市建设当做解决全球金融危机、增加就业机会、促进产业升级、振兴经济、增强城市竞争力的重要战略。

表 1-1　智慧城市发展历程中的重要事件

| 发展历程 | 国外 | | 国内 | |
|---|---|---|---|---|
| 单个智慧项目建设阶段 | 新加坡 | 信息通信技术普及建设 | 南京（2006 年） | 中国软件名城 |
| | 斯德哥尔摩（2006 年） | 智能交通 | | |
| 多项智慧技术整体推进智慧城市建设阶段 | 韩国（2004 年） | 泛在城市 | IBM 公司（中国）（2008 年） | 智慧城市在中国 |
| | 新加坡（2006 年） | “智慧国 2015”计划 | 2009 年 | 建立中国的传感信息中心 |
| | 欧洲 Living Lab（2006 年） | 欧洲智慧城市网络 | 2009 年 | 重点省市提出“智慧城市”的建设目标 |
| | IBM 公司（2008 年） | 智慧地球 | 科技部（2010 年） | 2010 中国智慧城市论坛 |
| | 日本（2009 年） | 泛在日本 | 截至 2012 年 2 月，我国共有 154 个城市提出要建设智慧城市 | |

截至 2012 年 2 月底，我国 154 个城市提出要建设智慧城市，其中 41 个地级以上城市（含 10 个副省级城市）在其《2012 政府工作报告》或“十二五”规划中正式提出建设智慧城市。北京、上海、天津三个直辖市也都提出了智慧城市建设规划。据工业和信息化部（简称工信部）最近的统计：我国有 70 多个城市完成了智慧城市的发展规划。

## 1.2　智慧城市的相关概念

智慧城市作为一个新概念或理念，目前仍处于发展阶段，国内外学界尚未有统一且权威的定义和标准。有鉴于此，我们尝试对国内外学者和机构对于智慧城市的界定及其他相关概念进行了梳理。

### 1.2.1　智慧城市的概念

IBM（2008）认为，智慧城市能够充分运用信息和通信技术手段感测、分析、整合城市运行核心系统的各项关键信息，以保证能够对包括民生、环保、公共服务、城市建设、工商业活动、社会安全在内的各种需求做出智能的响应，让城市中的各个需求功能协调运作，为人类创造更美好的城市生活。不少学者认可这一观点，并在此基础上进一步发展了智慧城市的概念，杨再高（2010）认为智慧城市的核心是以更加科学的方法，利用以物联网、云计算等为核心的新一代信息技术来改变政、企、民相互交流的方式，对包括社会安全、环境保护、公共服务等在内的各种需求做出快速、智能的响应，提高城市的运行效率，提高居民的生活满意度。吴胜武和闫国庆(2010)认为，智慧城市是运用更智慧的方法，通过新一代的信息技术来改变政府、社区或公司和公众交互的方式，以提高交互的明确性、效率、灵活性和响应速度；通过城市空间信息基础设施与城市空间设施等的结合，政府、社区或企业、城市居民能够做出更明智的决策。王辉和吴越(2010)指出，智慧城市的核心思想是充分运用信息技术手段，全面感测、分析、整合城市运行核心系统的各项关键信息，并对城市管理和服务、居民生活等各层次需求做出智能响应，为城市管理部门提供有效高速的城市管理方法，保证企业有优质的创新环境以及条件，进一步提升市民的幸福感。

然而，根据一些学者和机构的界定，智慧城市的内涵不应仅仅停留于信息通信技术，还要将人本因素纳入其中。因此，维也纳技术大学区域科学中心的 Rudolf Giffinger 等在 *Smart cities ranking of European medium-sized cities* 一文中从智慧经济、智慧公众、智慧管理、智慧流动、智慧环境、智慧生活 6 大维度对智慧城市进行了界定：当一座城市既重视信息通信技术的重要作用，又重视知识服务、社会基础的应用和质量，既重视自然资源的智能管理，又将参与式管理等融入其中，并运用以上要素共同推动可持续经济的发展，追求更高品质的市民生活时，这样的城市就可以被定义为“智慧城市”。骆小平(2010)也从人文角度进行了分析，认为智慧城市要尽量优化整合各种资源，构建能够让市民陶冶情操并愉快生活、适合人的全面发展的城市。

此外，还有学者联系城市发展历程中的相似理念，如数字城市、信息化等提出智慧城市的概念。例如，李德仁(2011)认为，智慧城市是在城市全面数字化基础之上的、可视化和可测量的智能化管理和运营的城市，即智慧城市＝数字城市＋物联网，包括城市信息资源、数据基础设施，以及在此基础上建立的网络化信息管理平台和综合决策支撑平台。邬贺铨(2011)认为，智慧城市是城镇化的后一个阶段，是城市信息化的新高度。智慧城市不仅强调信息通信技术对社会经济以及市民生活的重要作用，而且重视人力资源教育、社会资源及环境对城市发展的影响。

通过上述文献的梳理，关于智慧城市的概念可概括为依靠的力量、针对的客体及预期目标三个维度，如表 1-2 所示。

**表 1-2 智慧城市概念的总结**

| 要素 | 依靠的力量 | 针对的客体 | 预期目标 |
|---|---|---|---|
| 技术要素 | 信息通信技术：物联网、互联网、云计算、数字技术等<br>绿色技术：清洁、环保技术等 | 城市规划、新兴业态、利益相关者、决策和管理方法、社会服务管理模式 | 城市功能协调运作、经济可持续发展、生活美好、信息发达、生态高效 |
| 社会要素 | 教育、智慧的劳动力、社会资本 | | |

从依靠的力量来看，智慧城市的发展需要运用以物联网、互联网、传感网

(温家宝，2009)、云计算(Giffinger，2007)、数字技术(李德仁，2011)为主的信息和通信技术(IBM，2008)，以及清洁技术(陈劲，2010)等技术要素；同时也需要依靠教育和智慧的劳动力(Glaeser and Berry，2006；Winters，2010)，或人力资本和社会资本(Caragliu et al.，2009)等社会要素。

从针对的客体来看，智慧城市的发展需要优化城市规划、改变政府、企业和居民相互交往的方式、改变城市的生产和消费方式、决策和管理方法，创新社会服务管理模式，激发城市新兴业态活力(骆小平，2010；杨再高和柳来卿，2005；陈劲，2010；单志广，2012)。

从预期目标来看，智慧城市要实现经济可持续发展，信息发达、生态高效，自然资源得到智能管理，城市中的各个需求功能协调运作，为人类创造更美好的城市生活(张云霞等，2011；Caragliu et al.，2009；IBM，2008)等目标。

综上所述，智慧城市就是运用信息、通信、绿色方面的技术要素和教育、人力方面的社会要素，通过优化城市规划、促进新兴业态，改变决策和管理方法，改变政府、企业和居民相互交往的方式，使城市需求功能协调运作、经济可持续发展、信息发达、生态高效、人们生活更加美好的城市。

### 1.2.2　与智慧城市相关的其他概念

通过文献回顾不难发现，智慧城市的概念在技术、人文以及制度这三个维度上与数字城市(digital city)、智能城市(intelligent city)、泛在城市(ubiquitous city)、无线城市、虚拟城市、信息化城市、智慧社区(smart community)、创新型城市(creative city)、学习型城市(learning city)、人文城市、知识型城市(knowledge city)等相关概念存在一定的重叠与交叉(表1-3)。

**表1-3　智慧城市相关概念的定义**

| 研究视角 | 概念 | 相关研究 |
|---|---|---|
| 技术维度 | 数字城市 | 李琦等(2003) |
| | 智能城市 | 史文勇和李琦(2006) |
| | 泛在城市 | Anthopoulos 和 Fitsilis(2010) |
| 人文维度 | 创新型城市 | Poh 等(2005) |
| | 学习型城市 | 周万生(2005) |
| | 知识型城市 | 张黎和蓝峻(2005) |
| 制度维度 | 智慧社区 | 康春鹏(2012) |
| | 智慧增长(smart growth) | 吕旸等(2005) |

基于技术维度的研究视角，李琦等(2003)提出，数字城市是从信息化角度对信息时代及准信息时代城市状态的形象刻画，表征在花园城市、园林城市、生态城市等工业城市文明基础之上的，信息化基础设施完备、信息数据资源丰富、信

息化应用与信息产业高度发达、工业化与信息化持续协调发展、人居环境舒适的良性城市状态。史文勇和李琦(2006)认为，智能城市是城市发展的新阶段，其核心是基于时空一体化模型，以网格化的传感器网络作为其神经末梢，形成自组织、自适应并具有进化能力的智能生命体；其关键是实时反馈的数字神经网络和自主决策系统，可以说，数字城市是智能城市的初级阶段。Anthopoulos 和 Fitsilis(2010)把泛在城市视为数字城市的延伸，移动技术的发展与应用使得公众可以随时随地通过任何设备实时地获取信息与服务。从技术维度的相关概念进行分析不难发现，从技术发展历程来看，数字化、信息化是计算机互联网时代的技术基础，无线化、泛在化又是与智慧城市发展理念相适应的技术基础条件，智慧城市可以说是数字城市、信息化城市、无线城市、泛在城市、智能城市发展到一定阶段的必然结果，是城市信息化建设的新目标。因此，从智慧城市依靠的技术维度来看，其与其他相关概念存在差异。然而，除此之外，智慧城市中至少还应当含有人文、制度两个维度。

一些组织机构和学者们从人文维度进行相关研究，Poh 等(2005)认为创新型城市是在新经济条件下，以创新为核心驱动力的一种城市发展模式，应拥有优良的交通电信基础和功能完善的城市中心区；拥有充足的经营、文化、媒体、体育及学术活动的场所设施；拥有研究、开发与创新能力，以及受教育程度较高的劳动力队伍；拥有多样化的文化事业基础设施和政府的高效服务；等等。周万生(2005)提出，学习型城市是指在现代科技日新月异的时期，全体城市居民努力学习新知识从而不断提升城市竞争力的城市；学习型城市是学习型社会理论在指导城市时的具体应用，一般认为，学习型社会理论是由终身教育理论、学习化社会理论和学习型组织理论等融会贯通组合而成的。张黎和蓝峻(2005)把知识城市定义为追求知识和发展的城市，其超越了传统的工业化城市模式，以知识社会、知识经济作为深厚的生存背景和发展空间，视知识为再生资源，从而为培育新经济发展模式奠定基础；知识城市是以知识为生产、生活活动的基础，不断以知识促进各类产业发展，并为知识自身的发展创造有利条件的城市。在以往文献的基础上，可以总结出智慧城市既是一个创新型城市，它通过鼓励发展物联网、云计算技术等高新技术产业带动创新与研究发展活动，又是一个学习型城市，它通过优质的高等教育、终生学习的学习氛围培育智慧的公民，最终创建以知识为导向的知识型城市。

立足于制度因素，智慧社区是指充分借助物联网和传感器技术，通过物联化和互联化使人、物、网络互联互通，形成现代化、网络化和信息化的全新社区形态，其具体涉及智能楼宇、智能家居、智能医院、智慧民生、智慧政务、智慧商务和数字生活等诸多领域(康春鹏，2012)。“智慧增长”强调以沟通、舆论的方法求得社会和谐发展，其与区域协调发展的性质及其所追求的目标都是契合的。制度维度的主要思想是，智慧社区中的政府、企业、居民等利益相关者，在一定制度安排下，通过运用信息通信技术进行精确决策，满足自身的社会、经济需求，实现智慧的增长，并极大地改善其工作和生活状态(吕旸等，2005)。智慧社区是智慧城市的雏形，良好的制度安排和智慧管理是智慧城市目标最终得以实现的基本保障。

因此，智慧城市不单单是使用信息技术进行管理城市的最新实践，还为城市治理提出了一种新的理念。技术进步只是实现智慧城市的一个重要前提，如何运用技术给人类带来更高幸福感、更可持续的生活、使人类更智慧才是智慧城市的核心价值和内涵。图 1-1 简要描绘了智慧城市与其相关概念之间的关系。

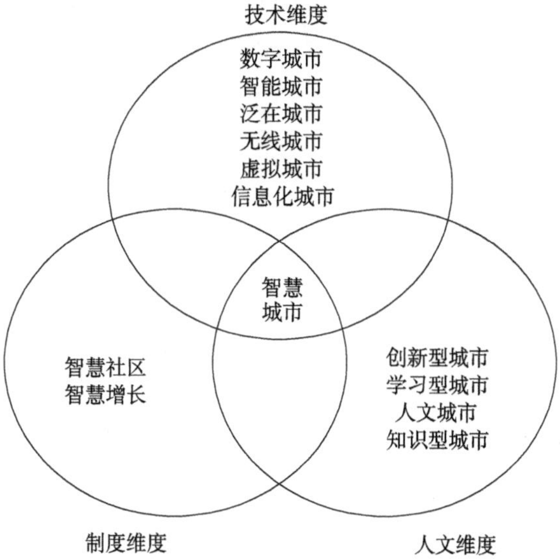


图 1-1　智慧城市与其相关概念之间的关系

## 1.3　智慧城市的基本要素

智慧城市的理念为城市创新发展提供了新路径，提出了人们认识城市、发展城市的新方法，其本质是以物联网为重要基础，以先进信息通信技术、智能技术和多网融合为依托，以智慧技术、智慧产业、智慧服务、智慧管理、智慧人文、智慧生活等为重要内容的城市发展新模式和新形态。

从智慧城市的基本要素来看，智慧城市体系可进一步划分为战略体系、社会活动体系、经济活动体系、技术体系和空间体系五大体系，如图 1-2 所示。其中，战略体系是智慧城市建设的纲领与指南，决定了智慧城市建设的愿景与发展方向；社会活动体系是智慧城市建设的保障，决定了智慧城市建设与发展的效率；经济活动体系是智慧城市建设的基础，决定了智慧城市的竞争力；技术体系是智慧城市建设的平台与支撑，该体系可进一步细分为信息技术体系和基础设施体系，信息技术体系的发展对未来无线城市建设以及宽带网络的覆盖等具有重要的影响，而基础设施体系的建设则是实现城市智能化和可持续发展、提高公众智能化生活水平的前提；空间体系是智慧城市建设的组成部件，从社区的智慧应用，扩大到整个区域的智慧建设，对智慧城市的建设起到指导作用。

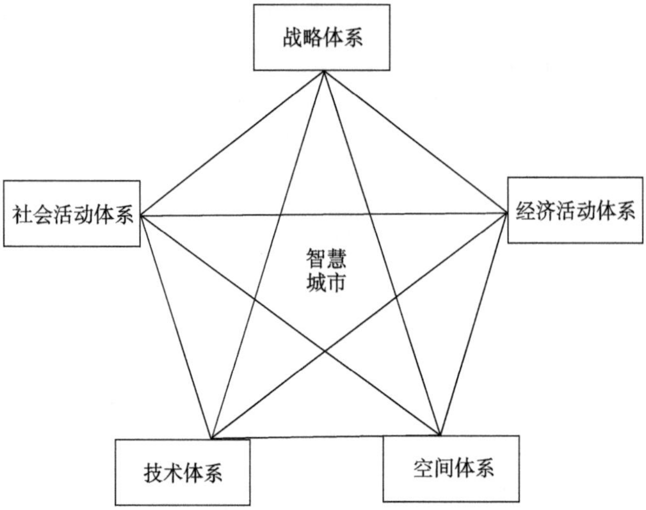


图 1-2　智慧城市五星结构理论框架

1. 战略体系

“智慧城市”发展战略是从一个全新的视角对城市进行功能定位，以需求为导向，制订具体可行的建设方案，增强自主创新，提高企业综合集成能力，以提升公共服务能力为落脚点，寻求新的经济增长点，分步骤实现，试点先行，急用先上，稳步推进，加快建立健全相关的政策法规和标准体系。

创新未来城市发展的顶层设计——智慧城市是现代城市发展的全新理念。城市化的进程中应当硬软并举，在信息通信技术的硬建设上，更加注重社会、环境、管理等软要素的关键作用。智慧城市就是从总体规划顶端开始的城市化发展新理念、新模式和新路径的总体构想。加快改造并建设智能化的城市基础设施，打造一支有技术、有能力的人才队伍，培育以物联网产业为重点的新兴产业集群，促进社会发展和城市管理智慧化，打造示范性智慧城市，实现试点先行，稳步推进智慧城市发展战略。

2. 社会活动体系

市民就业以及生活处于城市的核心地位，以人为本的城市基础设施建设为城市的存在和发展提供了保障。智慧城市建设首先要以人为基础，这就要求城市必须要有人气，因此，目前智慧城市的重点应该是中心城市、大城市，同时市民的整体素质要高，要有适宜的人居环境，包括良好的文化和公共服务、便捷的交通服务，生活成本要合理，城市的管理也要良好。

政府的公共服务、管理，以及面向未来发展的规划、产业政策制定和调整行为是城市适应环境、健康发展的核心力量；城市政府以优质、有效的措施实现从管理到服务，从治理到运营，从零碎分割的局部应用到协同一体的平台服务的三大跨越。政府、企业、居民三者通过基于物联网的智能服务进行有效的互动，降低行政成本，提高综合效益。智慧城市是全要素、全时段、全面的智慧化的城市管理和谐新路径，它使用智能化的管理方法，围绕提供优质高效的服务，充分调动政府、企业(社会单位)、居民(社区)三者之间的和谐互动，实现城市管理智慧化与行业管理网格化的结合，实现条块资源整合与联动，建立政府监督协调、企业规范运作、居民广泛参与的联动机制。

3. 经济活动体系

智慧经济体系要求具有高效增长的城市经济体系，以及智慧的经济结构和产业体系，还要应用绿色环保、低能耗、可循环的资源。同时，要求有利于人的全面的发展以及生态系统的稳定、可持续、和谐发展，要求经济活动使用创新生态科技也要遵循生态系统的内在规律；以减少二氧化碳($CO_2$)排放为目标，建设低能耗、低污染的经济体系；要求节约资源，构建资源循环使用的经济型社会。智慧经济有智慧农业、智慧交通、智慧资源、智慧医疗、智慧建筑、智慧制造、智慧食品、智能电网等细分领域。

4. 空间体系

“智慧增长”是为解决城市扩张伴随的社会、经济和生态问题而发展起来的新的区域发展思路以及城市模式。“智慧增长”的实质和内涵，就是“通过引起一种政治舆论来支持地方规划的实施，将市场调节及创新的土地利用规划观念运用到基础设施建设中，提供一个满足未来潜在增长的人口及经济的居住需求，实现优质的开放空间和环境”。区域发展目标的重心慢慢体现为从实物型的经济增长转向以社会—人—环境的发展为中心，关注区域内社会、生态等相关问题。

5. 技术体系

IBM公司指出，信息技术(information technology，IT)产业下一阶段的任务是把新一代IT技术有效地应用于各个行业，也就是嵌入感应器和把相关仪器装到电网、铁路等各种公共设施系统中，并且具有统一的标准，从而形成物联网。而后通过超级计算机和云计算将“物联网”整合起来，植入“智慧”的理念，不仅仅能够在短期内有力地刺激经济、促进就业，而且能够在短时间内为国家打造一个成熟的智慧基础设施平台。当人类可以用动态和精致的方法管理生产和生活时，全球就达到了“智慧”状态。简而言之，可以归纳为图1-3中物联化、互联化、智能化三个流程。

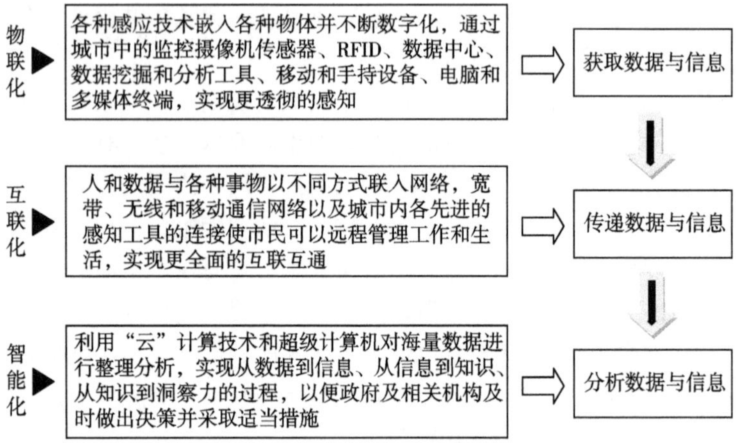


图 1-3 智慧城市技术体系示意图

物联网的发展为智慧城市的实现提供了物质保障和技术指导。物联网通过传感器及网络、射频识别(radio frequency identification，RFID)等技术将感知技术、互联网技术、通信网络与智能运算技术等融为一体，而具有智能处理、全面感知、可靠传输等特征。

云计算为智慧城市提供新的应用服务模式。云计算通过互联网将各类硬软件及数据资源结构化地连接在一起，是一种新的服务方式。云计算能够根据需求调整结构体系，从而建设内耗最少、功率最大的服务中心，传输到各个网络用户。云计算为智慧城市解决了三个问题：一是多源异构数据的融合、同化与集成；二是云计算平台支撑智慧城市动态增量的物联网数据；三是基于云计算平台的服务，能够随应用需求而调整，实现系统的集成。物联网与云计算目前是智慧城市的战略技术支撑。

此外，移动化、虚拟化、泛在化同样十分重要，这些技术为城市居民提供了移动化的生活方式。智慧城市的应用由智慧空间发展成为网络化居民。无线设备是数字城市的关键基础设施，但这仅仅是第一步。智慧城市的建设需要一系列的技术，包括网络设备、公共接入点以及服务导向的信息系统。泛在的运算基础设施也是数字城市的重要组成部分。然而，为了智慧城市泛在服务的可得性，政府服务要实现彼此协作且互联互通，那么，无论是政府内部还是面向市民的服务流程都必须得到改善。

总体而言，由战略体系、社会活动体系、经济活动体系、空间体系、技术体系五个层面共同构成的系统展现了智慧城市的一种均衡状态：技术体系与空间体系共同组成智慧城市的物理发展基础，构成经济与社会的发展平台；社会活动体系与经济活动体系互为关联；战略体系作为统领，实现各体系的动态均衡。智慧城市的动态均衡强调战略体系的引领作用，通过战略体系不断平衡以公平为导向的社会活动体系与以效率为导向的经济活动体系，使这两个体系在合理的区间达到相对的动态均衡。若这两个体系的动态运动超出了合理区间范围，则容易导致社会、经济，甚至更大层面的城市系统崩溃。

## 1.4　智慧城市的主要特征

作为智慧地球的主要组成部分，IBM 公司将智慧城市的特征概括为四个方面：①城市全覆盖物联。智能传感设备可以对城市核心系统进行感测，主要是将公共设备物联成网。②全方位整合。物联和互联两网系统连接并融合在一起，为城市核心系统提供数据整合系统，进而管理公共设施。③激励创新。采用相应的政策和措施鼓励政府、企业以及居民在智慧城市基础设施上进行创新应用。④协同运作。在智慧城市基础设施上，城市里各个主要的系统与参与者进行高效的协同合作，从而使城市运行达到最佳状态。与提出智慧城市的概念相似的是，IBM 公司的观点更加偏重技术层面。类似的观点诸如陈柳钦(2011)认为，智慧城市是以互联网、物联网、无线宽带网等网络组合为基础，以智慧技术高度集成、智慧产业高端发展、智慧服务高效便民为主要特征的城市发展新模式。

其他机构或学者更加侧重于从人文、社会、经济等视角看待智慧城市的特征。例如，Caragliu 等(2009)在 Rudolf Giffinger 报告的基础上，将智慧城市的特点归纳为：用现代信息网络技术提高政府、企业工作效率，并为城市发展带来好处；为城市各方面的发展提供市场引导措施；为高新技术及创新提供支持，促进产业创新；注重和谐社会的建设，建设学习型、联动型社区；推进绿色城市以及可持续发展城市的建设。

上海社会科学院信息研究所(2011)认为，以智能化、数字化、网络化为主要特征的“智慧城市”，是符合中国特色的城市信息化样本，也是未来城市的一种状态。智慧城市最突出的特点是将以技术为中心转变为以人为中心，一个城市如果同时具备以下四个特征，就可以称为智慧城市：第一，信息通畅。物联和互联两网连接并融合在一起，便于信息在各系统中快速便捷传递，降低交易成本。第二，知识立市。降低传统能源、资源的损耗，建设基于信息收集以及数据挖掘所带来的信息知识集，并且与知识相关的产业达到较高的比重。第三，汇集智慧。数字化的城市将给予市民更多机会、更多方式参与城市的建设，使城市管理更加人性化。第四，协同运作，激励创新。鼓励政府、企业、居民基于信息化基础设施进行科技和业务的创新应用，使得智慧城市的建设和参与者的协作程度更高。

基于上述分析，我们从智慧城市的要素角度对智慧城市的主要特征进行归纳，如表 1-4 所示。

**表 1-4 智慧城市的主要特征**

| 分析维度 | 主要特征 | 特征内涵 |
|---|---|---|
| 经济活动层面 | 信息通畅、知识密集 | 信息在城市各系统中自由流动，减少市场主体间信息不对称程度，从而降低交易成本，协调整个商业体系的运行；<br>城市经济的发展不再过度依赖传统资源，而是知识相关的产业在整个城市经济总量中占有较高比重 |
| 社会活动层面 | 汇聚智慧、协同运作、激励创新 | 公众有更为多元、便捷的渠道参与城市建设，使城市管理者能提供更加符合公众需求的管理和服务；<br>城市中各个关键系统和参与者进行协作；<br>鼓励政府、企业和居民在智慧基础设施上进行科技和业务的创新应用，为城市提供源源不断的发展动力 |
| 技术层面 | 透彻感知、全面互联互通、深入的智能化 | 任何信息都可以被快速获取及分析；<br>从全局的角度分析形势并实时解决问题，使得工作和任务可以通过多方协作得以远程完成；<br>利用先进技术获取更智能的洞察并付诸实践，进而创造新的价值 |

# 第 2 章

# 智慧城市建设的国内外模式与发展趋势

本章旨在通过战略、社会活动、经济活动、空间和技术五维度框架总结国内外典型智慧城市建设的主要措施及其特点，提炼出智慧城市建设的关键要素。在此基础上，分析了智慧城市建设的模式。此外，本章总结了国内外智慧城市建设的经验，为智慧城市建设的指标评价体系研究及广州市智慧城市建设优化路径设计提供有益借鉴。

## 2.1 国外典型智慧城市建设的特点及主要措施

智慧城市在国外的发展，最早可追溯到 1992 年新加坡制订的以“建设覆盖全国的高速宽带多媒体网络”为主要内容的“IT 2000——智慧岛计划(1992—1999)”，该计划被视为全球智慧城市的萌芽。其后，从智慧建筑发展到智慧区域，从高科技在小范围单领域的应用到整个街道、社区以至整个城市全方位的普及，国外智慧城市的发展日新月异，并逐渐形成了各自的特色。例如，美国的国家信息基础设施(National Information Infrastructure，NII)和全球信息基础设施(Global Information Infrastructure，GII)计划，韩国 2004 年提出的“泛在城市”战略，日本的“I-Japan 战略 2015”，以及欧盟各城市进入 21 世纪的智慧化实践等。“智慧城市”建设不仅使城市实现高速、高效发展，而且使城市综合竞争力得以增强，为解决城市发展困境提供一种新思路。因此，探索和研究国外先进智慧城市建设的理念和措施，能够为国内智慧城市建设提供帮助和建议。

### 2.1.1 美国——点滴创新推动智慧城市建设

2009 年 1 月 28 日，IBM 公司 CEO 彭明盛(Sam Palmisano)在美国工商业领袖圆桌会议上首次提出“智慧地球”的概念，建议美国政府投资智慧型信息基础设施建设。之后，奥巴马政府以智能电网项目作为美国绿色经济振兴计划的突破点，进行规划与投资。此外，美国政府在其他城市基础设施建设中也进行了改革，具体方案有以下几点。

1)建设现代化的城市电网

美国总统奥巴马在2009年年初发布的政策中宣布，政府预计在3年之内，为公民家庭安装数万个新型电表，同时拨款40多亿美元升级电网系统。在这一计划中，博尔德市是最早开启智能电网工程的城市，该项目对现有的测量设施进行改造，并通过配电网络提供高效、便捷的智能服务，将现有的城市电网改造成一座全集成的智能电网城市。

2)伊利诺斯州立大学研制虚拟车辆设计平台

美国伊利诺斯州立大学研制出的车辆设计系统，使全世界各个地方的设计师们通过网络实时协作进行设计。这种技术在人们的生活中也发挥了作用，使人们可以在虚拟空间相互连接，实现现实中不可能的远程协作。当虚拟连接、虚拟沟通等设想成为现实时，人们可以在虚拟环境中自由沟通，共同促进经济的繁荣与发展。

3)加利福尼亚州智能道路照明工程

智能道路照明工程“圣何塞”(San Jose)于2009年4月启动，其先进技术具有不受地理环境的限制，能够无阻碍地让照明市场节能、缩减成本、实施监控等优点。智能控制联网技术以新型灯具的效率为基础，通过诸如失效路灯的早期排查、停电检测、光输出平衡以及调光等功能来降低成本和改善服务，同时使城市的街道、道路和公路更安全美观。

美国迪比克市与IBM公司合作建设美国第一个智慧城市，这个城市所有设施全部使用信息化技术，通过采用一系列IBM高科技将迪比克市数字化，并将城市全部公共资源联合到一起，因此可以实时收集各种有效数据，并及时做出响应，满足顾客需求，降低运营能耗和成本。IBM公司还提出了另一个设想：在美国另一个小城市开发一个项目，该项目将通过使用计算机和互联网让市民能够监测他们水、电的使用量，以期打造更加节能、人性化的城市。

评价：

IBM公司首先给美国政府提出智慧地球的方案，推进智慧型信息基础设施的建设。美国作为全球最大的发达国家，率先推进智慧城市建设，对于其他国家今后的智慧城市建设有指导作用，而且智慧城市建设改善了美国目前的交通状况，提高了能源使用效率，给人们的生活提供了便利。目前，美国智慧城市建设仍在进行中，它比其他国家的进度相对要快，实施效果相对要好。

### 2.1.2 欧盟——2020战略推进欧洲数字化建设

欧盟实施的“i2010战略”致力于开发最新的通信技术。2009年3月，欧盟委员会提出了《信息通信技术研发和创新战略》，提倡欧盟各成员强化信息技术研发力度，使该地区的通信技术在全球领先。“欧洲 2020 战略”把“欧洲智能化议程”提升为欧盟促进经济繁荣的七大主导计划之一。

欧盟早在 2007 年就设计了一系列智慧城市建设蓝图，并以此为依据进行实践。欧盟的智慧城市评估体系包括智慧环境、智慧经济、智慧治理、智慧移动性等内容。评估数据显示，瑞典、芬兰、荷兰、比利时、卢森堡、奥地利等国城市的智慧程度相对较高。

欧盟通过第七研究框架对未来互联网、物联网、云计算等重大领域进行集中扶持，突破共性技术。2011 年 5 月，欧盟委员会评估了 140 个互联网研究课题的境况。欧盟鼓励研究的动力是为了使这些领域成为推动经济增长和繁荣就业市场的创新源泉。基于欧盟的大力资助，2011 年 5 月 3 日成立了一个由政府与企业共同注资的合作企业，它将成为政府资助研究的一种新途径。

评价：

与其他地区相比，欧盟的智慧城市建设更加注重城市的生态环境和智能经济。目前，欧盟已经挑选出大约 30 座城市作为建立智慧城市的首批试点。欧盟委员会一直致力于鼓励和促进欧盟内部物联网产业的发展，并将发展物联网作为智慧城市建设的重要组成部分。欧盟把实现低碳经济作为发展智慧城市的目标之一。从 i2010 战略到“欧洲 2020 战略”，欧盟把智慧城市建设放在首位，从战略的推进中我们也可以看出，智慧城市的建设给欧盟成员国带来便利，并推动经济、社会、生态等的建设和发展。

### 2.1.3　斯德哥尔摩——智慧改变交通

瑞典智慧城市建设的最大特点是交通系统上的改进。以前，斯德哥尔摩交通拥挤非常严重，在 IBM 公司的帮助下，斯德哥尔摩在城市主干道上设置了 18 个路边控制站，通过使用 RFID 技术以及利用激光、照相机和先进的自由车流路边系统，对进入市中心的车辆进行自动识别，自动向在工作日 6：30～18：30 进出市中心的注册车辆收税。通过收缴“道路堵塞税”减缓了拥挤状况，交通拥堵状况减少了四分之一，交通排队所需的时间大幅缩减，道路交通废气排放量减少了 8%～14%。

数字化改变生活，IBM 公司和斯德哥尔摩的合作已经发挥了很好的带头作用。在斯德哥尔摩，70%的上班族经由四通八达的公共交通网络去工作，但平均每天仍有大量汽车驶过城市中央，造成严重交通拥堵。市政府官员与瑞典公路管理局经过仔细协商，认为可以通过改造道路使用模式来缓解现有拥堵状况，但要想改造道路使用模式，公路局需要准确及时地知晓道路实时使用情况，据此收取费用。为此，IBM 公司开发了一套先进的数字化收费系统，包含摄像头、传感器和中央服务器，该系统可以定位车辆并根据其出行时间和地点进行收费，这一改进使拥挤量降低 20%，排放量减少 12%。斯德哥尔摩智慧城市发展结构如图 2-1所示。

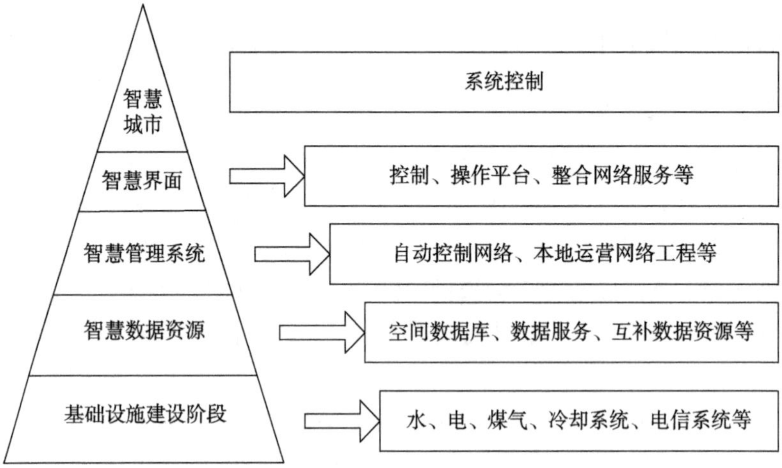


图 2-1 斯德哥尔摩智慧城市发展结构

2009 年斯德哥尔摩被智慧社区论坛(Intelligent Community Forum，ICF)评为“最智能城市”，主要就是因为其在宽带网络和网络服务方面做出的卓越成绩。在对网络硬件设施进行完善后，政府开始将重点放在提升城市软实力上，尤其体现在 E-Service(即电子服务)方面。市政府发布常规性服务信息，这些信息主要有公共资源申请、出行、准时准点等。

斯德哥尔摩政府还准备在未来提供更多的数字化服务，其中包括支持人们通过手机登录智能一卡通系统，来提升交通网络的运营效率。

评价：

斯德哥尔摩的智慧城市建设重点放在智慧交通上，通过改善交通系统、完善交通服务等减少交通拥堵和环境污染等，给人们的出行带来便利。此外，除了智慧交通服务，斯德哥尔摩还在建设智慧政务服务，通过提高政府服务来改善服务水平。在欧洲几个国家，瑞典是属于智慧城市建设发展相对较快的国家之一。

### 2.1.4 阿姆斯特丹——可持续放在首位

现在，全球有许多国家为了支持降低碳足迹(carbon footprint)，都准备投入数十亿美元资金，制订混合可再生能源计划，将其打造成对环境更友善的“聪明城市”。而从目前来看，荷兰的阿姆斯特丹是做得最好的。作为让这座城市更环保的第一步，阿姆斯特丹鼓励居民骑脚踏车和汽车共乘，用无污染电动车在市中心购物区的 Utrechtsestraat 街道负责收集垃圾，公车站的电子广告牌也转由小型太阳能电板提供电力。不像其他城市可能得花上数十年来更新基础建设，阿姆斯特丹智慧城市计划投资金额至 2012 年已达 11 亿欧元。它可谓是欧洲智慧城市的典范，也是世界上较早开始智慧城市建设的城市之一。如此高效率的"绿化"过程有赖于国家的执行力和民间力量的支持，具体计划过程如图 2-2 所示。

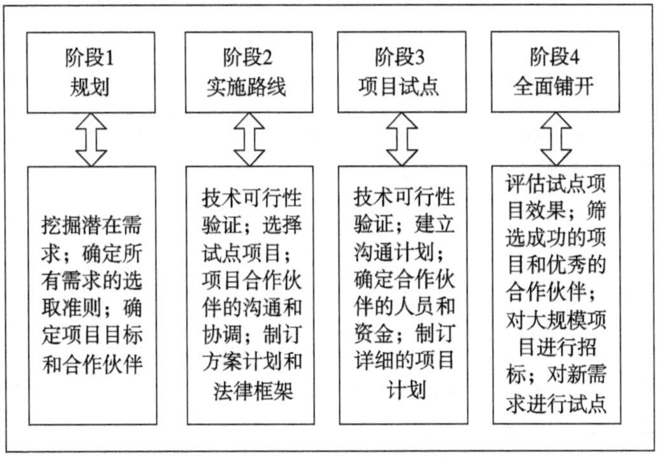


图 2-2　阿姆斯特丹智慧城市计划

"智慧城市"计划有专门的公司负责监督执行，即荷兰国家与民间的合资公司 Amsterdam Innovation Motor 负责监督执行，希望通过严格的体制于 2015 年前完成所有行动计划，将阿姆斯特丹建设成为一个真正的节能绿色智慧城市。根据官方预测，到 2016 年，阿姆斯特丹每年将耗资 1 亿欧元用于全面升级供电体系，使其可通过计算机来显示消费者用电的具体细节。

阿姆斯特丹市是欧洲智慧城市建设的佼佼者，也是世界上智能城市建设的领头羊，其智能城市建设主要包括四个方面。

(1)可持续生活：West Orange 项目和 Geuzenveld 项目。阿姆斯特丹拥有全国最多的人口，二氧化碳排放量占据了荷兰总量的三分之一。为了解决这一难题，该市开展了两个项目(West Orange 项目和 Geuzenveld 项目)，通过先进技术降低二氧化碳排放量。Geuzenveld 项目主要是为 700 多户家庭安装智能型电表和能源反馈显示装置，加强居民对能源使用情况的关注，使之学会根据使用状况设计节能方案。West Orange 项目是为 500 户家庭安装一种新型能源管理系统，目的是节省能源，同时减少温室气体排放。

(2)可持续工作：智能大厦项目。智能大厦的理念是在不给工作与生活带来阻碍的前提下，使能源消耗最小化，同时在具体分析大厦能源使用数据的前提下，提高电力系统运行效率。为了让阿姆斯特丹众多大厦可以使资源得到更为合理的使用，政府启动了试验性、示范性工程——ITO Tower 大厦。

(3)可持续交通：Energy Dock 项目。阿姆斯特丹交通工具种类繁多，它们的二氧化碳排放量对城市空气质量造成了严重的影响，为此该市启动了 Energy Dock 项目，该项目为了便于游船与货船充电，在 73 个靠岸电站中装配了 154 个电源接入口，将污染较大的产油发动机替换成清洁能源发电。

(4)可持续公共空间：气候街道(the Climate Street)。Utrechtsestraat 是位于阿姆斯特丹市中心反映道路拥挤情况的典型代表。2009 年 6 月，该市启动了气候街道项目，主要是对后勤部门、公共空间和商户进行智能化改造，包括垃圾运输、回收使用清洁能源车辆，街道照明使用可随行人数量调节的智能照明系统等，用于改善之前的状况。这些技术措施提高了电源使用率，改善了当地环境，提高了人们的环保、节能意识。

评价：

阿姆斯特丹作为荷兰首都，是世界上较早开始智慧城市建设的城市之一。它把可持续发展放在智慧城市建设的首位，一切的经济、社会、生态等的发展都要以可持续发展为前提。目前已经形成较为成熟的发展模式，对其他地区的智慧城市建设有较高的参考价值。

### 2.1.5 英国——数字之都

英国在智慧城市建设方面的规划和措施主要有以下几方面。

1)打造“数字之都”

2009 年 6 月，英国提出了“数字英国”计划，目标是将英国打造成“数字之都”，在 2012 年建成惠及所有居民的宽带网络系统。英国城市建设注重开发应对全球气候变化的一系列技术方案，“绿色环境”是其城市智慧化的主要目标。

2)格洛斯特开展智能屋试点应用

2007 年英国在格洛斯特开展了“智能屋”试点工程，将感应装置安放在房子四周，传感器收集的数据使中央电脑能够根据实时信息控制各种家用电器。智能屋的另一特点是监测老人在屋内的走动，这一功能通过装有以电脑终端为核心的监测、通信网络实现。屋中配有先进医疗设备，可以为老人测量各种生理指标，并将测量结果自动上传，由相关医生进行分析。

3)伦敦建设“贝丁顿零化石能源发展”生态社区

贝丁顿社区是英国最大的环保型绿色社区，其建筑构造以提高能源利用效率为出发点，是实际意义上的“绿色”建筑。该社区的特点是楼顶的自然通风装置，进气和出气两套管道使室外冷空气和室内热空气发生热交换，以节约能源使用。由于采取了智能供热、建筑隔热、天然采光等技术，综合使用太阳能、风能、生物质能等绿色能源，贝丁顿社区与周围普通住宅区相比可节约 81％的资源消耗和 45％的电力。

> 评价：
>
> 英国把打造“数字之都”作为智慧城市建设的目标，通过智慧网络建设、智慧生态建设等改善其目前的城市信息化和生态化。英国的智慧城市建设开始的比较早，但是进展并不是很迅速，目前仍处于建设初期。除了打造“数字之都”，英国其他城市也在有序开展智慧城市建设，伦敦的贝丁顿社区就是英国最大的低碳可持续发展社区，其发展方式值得推广。

### 2.1.6　日本——自主创新

目前，日本智慧城市建设主要朝节能和环保方向发展，重点是利用最新节能和信息技术，对家庭、建筑物和社区实施智能化能源和资源管理。政府在建设智慧城市的过程中，主要扮演推动者和协调者的角色。日本非常注重城市信息化建设，希望以智慧城市建设为支点推动整个经济社会的变革，增强自主创新机遇。日本推动智慧城市建设的具体措施有以下几点。

1)“智慧日本”战略

2009 年 7 月，日本推出“I-Japan 战略 2015”，目标是到 2015 年实现全社会的数字化发展，让数字信息技术应用于工作、生活的每个领域。当前日本各城市积极贯彻国家方针政策，重视关键技术的研发和新产品的应用推广，在远程医疗、电子病历等领域进行了许多有益尝试。在电子政务领域，“I-Japan 战略 2015”提出通过相关政策效用的发挥促进电子政府和电子自治体建设。

2)推广泛在环境下的网络技术

泛在网络环境是这样一种状态，这种状态在互联网处于何时何地都可以实现互联，基于这种技术的先进性，目前日本政府极力发展以泛在环境为主导的电子政府和电子地方自治体，以期为医疗、教育、健康的网络化发展助力。日本希望这一战略的落实可以开拓出能维持国家中长期经济繁荣的前沿产业。

3)东京建立电子病历系统

目前东京各类医院以全部采用电子病历系统，该系统汇集了各种临床数据和知识库，可以提供病人的基本资料、住院经历等各种信息，为护士提供自动提醒功能，帮助医生进行检查、治疗、注射等相关活动。目前，日本的医疗智能化建设已取得较为显著的进展。

评价：

日本作为自主创新的大国，通过智慧城市建设提升城市数字化程度，推动自主创新建设，使城市目前的交通、医疗、生态环境等状况进行改善。日本国土面积方小、人口多，因此改善其交通系统对于人们的生活有很大的影响。目前日本自主创新能力依旧很强，智慧城市建设快速推进，发展势头良好，对周边城市及国家的智慧城市建设有指导作用。

### 2.1.7 韩国——无处不在的智慧

韩国政府于2004年3月推出了“U-Korea”战略，以期通过此战略使韩国成为智慧型社会。U-Korea战略是一种促进韩国经济发展和社会变革的国家战略，它主要以无线传感器网络为基础，把韩国的所有资源数字化、智能化。

U-City建设是U-Korea发展战略在韩国城市所做的具体体现。U-City是一种把市民、周围环境以及各种技术联合起来的新的城市发展模式，具体如图2-3所示。U-City把信息技术应用到所有城市单元中，使市民可以不受任何时间、地点的限制从多种终端访问和应用城市设施。

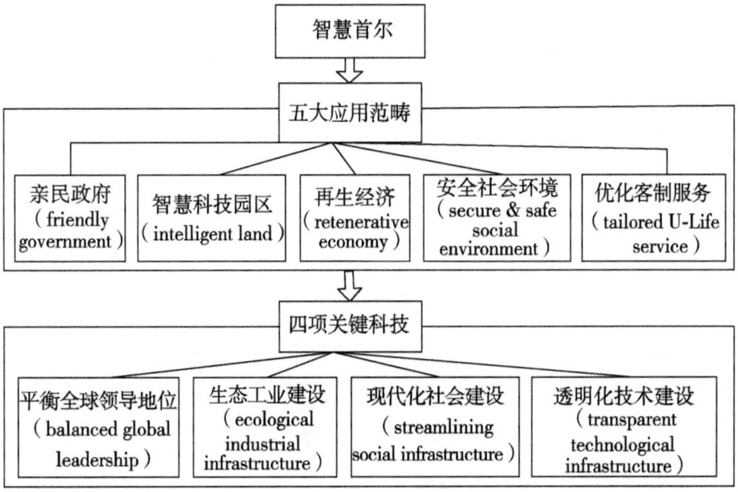


图2-3 首尔U-City理念

U-City发展路径分别为互联阶段(connect)、丰富阶段(enrich)、智能阶段(inspire)。互联阶段的主要任务是建设信息化基础设施，如无线网络体系、传感器等；丰富阶段注重服务功能的强化，即为市民提供全方位的服务，如U-服务；智能阶段偏重整合，将监管与控制聚集到一点，如U-中心。目前，韩国U-City已逐步进入智能阶段。

近年来，仁川市作为U-City示范城市，通过整合泛在网络，市民可以方便地享受远程教育、远程医疗、远程办税服务。而位于仁川的松岛以打造“智慧+互联小区”为目标，设置了“绿色感知”(green aware)系统，实时通报屋主与建筑开发企业有关小区内二氧化碳排出量、能源与水资源消耗量等；无所不在的联网摄像头能捕捉交通信息，并将信息传到智能网络控制总中心 U-Media，根据乘客数量的变化或实时交通情况来调度公共交通工具等。

2009 年，韩国仁川市开始和美国思科公司进行战略合作，以网络为基础，快速提升城市管理效率，建成一个绿化的、资讯化的、便捷的绿色信息化社会。通过一体化的公共交流平台、全方位的网络接入，市民不但可以实现远程的教育、医疗、办理税务等事宜，还可以实现精准化地控制家庭各种能耗的功能。在未来，市民可以在家实现治疗，医生通过病人专门的医疗装置获取病人的体温、脉搏等相关数据信息，使用网络通信系统就可以完成全部诊疗。

评价：

韩国通过 U-Korea 战略发展智慧城市建设，并以此来促进韩国经济发展和社会变革。而首尔的 U-City 计划是 U-Korea 战略的一部分，通过首尔智慧城市的建设和发展，改善其城市的交通、医疗、信息、网络、生态等，并将首尔智慧城市建设经验推广到其他城市。

### 2.1.8　新加坡——“智慧国 2015”计划

早在 2006 年，新加坡政府就发布了为期 10 年的网络通信产业发展规划——“智慧国 2015”计划，旨在通过高水平的网络信息技术，将新加坡建成为一个由数字通信所驱动的智能化国家，具体如图 2-4 所示。“智慧国 2015”计划最重要的精神是：利用信息通信技术缩小数字鸿沟，为各类人群带来便利，包括由于种种原因无法接触信息通信技术，从而无法从中获益的民众，如老年人、残疾人、贫困人口和受教育程度较低的人群。

新加坡的“智慧国 2015”计划中提出，基于数字化过程，在一些公共服务领域实现两种重大转变，即从供给方主导向供给方与需求方双向互动的转变、从离散化的服务向一体化的服务转变。2008 年，政府仅在信息通信建设方面就斥资约 16 亿新元(约 80 亿元人民币)，额度还在逐步上升，全部用于建立快速、高效、安全、便捷的信息通信基础设施以及提升相关通信行业雇员的技术能力水平。目前，信息通信产业每年产生的 GDP 占新加坡全年 GDP 总额的 6%，并与国家经济发展同步提升。新加坡刚刚启动的智能交通系统使公路、通行者和交通系统之间紧密相连，以此为需要者提供了实时的交通信息，使其能够对出行路线、出行工具选择和所耗时间做出准确的判断。

在建设“智慧国”的过程中，企业的参与也不可或缺，如支撑“智慧国”的下一代全国宽带网络以及遍布全岛的无线“热点”等项目。2008 年，下一代全国宽带

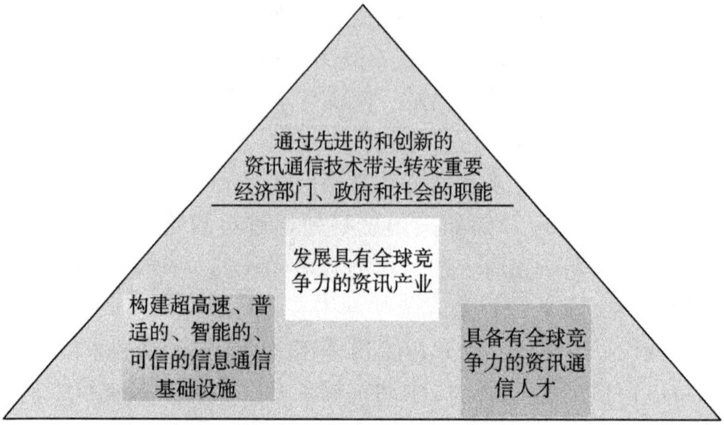


图 2-4 “智慧国 2015”计划框架图

网络已完成网络建设和运营商的招标，2009 年 9 月底，5%的下一代全国宽带网光纤安装项目完成，2010 年年底，60%的工程完成。到 2012 年，新加坡已有 95%的地方铺设光纤，2013 年 1 月，高速宽带网遍布全岛，新加坡每个家庭、学校和企业都具备每秒 1G 的网络速度。

评价：

作为一个典型的资源稀缺型小国，信息通信产业所带来的能量很早就被视为新加坡经济发展的旗舰产业。近几十年来，新加坡政府一直不断地在实践中反思，根据现实需要修订国家战略规划，使之与最前沿的通信技术融合，从而为国民提供更加优质的服务。鉴于新加坡国土面积的狭小，实施国家性的基础设施建设更为便捷，这种“智慧国”战略，对于中国等很多面积辽阔、情况复杂的国家来说有些难度，但新加坡的“智慧国”并不是一个只供观赏的盆景，更不是可望而不可即的海市蜃楼。事实上，“智慧国”的每一步实施过程都是脚踏实地的，有着许多可供他国借鉴的经验。

## 2.2 国内典型智慧城市建设的特色及主要措施

受全球智慧城市建设热潮的影响，我国亦开始了全面的智慧城市建设，尤其是自 2008 年年底 IBM“智慧城市在中国突破”战略提出后，“智慧地球”“智慧城市”等新设想引起巨大反响。而从城市自身建设出发，以物联网建设和信息通信技术应用为核心的智慧城市建设，也是我国进一步推动城市化演进和信息化发展的内在需求，尤其是 2009 年温家宝总理提出要尽快建立中国的传感中心，到 2010 年科技部部长万钢在世界博览会(简称世博会)上提出“未来城市的运行将具备感知和自适应能力”以来，我国智慧城市的建设亦开始进入政府的宏观战略部署并得以积极推进。自 2010 年 9 月，宁波市第一个从政府层面提出建设智慧城市以来，截至 2012 年 4 月，我国共有 3 个直辖市、6 个省份 51 个城市相继提出智慧城市建设规划。其中，北京、上海、广州、南京、宁波、深圳等城市已进入智慧城市的实质性建设阶段，并在改善人口居住环境、缓解交通系统拥堵、提高能源使用效率等方面取得初步的建设成效。

### 2.2.1　北京——全方面、高效率打造智慧首都

北京城市信息化建设已达到世界发达国家主要城市的中上等水平，1991～2011 年，北京市生产总值占我国 GDP 比重从 2.75%增长到 3.39%，而且 2011 年的三次产业结构比重是 0.9∶23.4∶75.7。1999 年北京提出的“数字北京”已完成目标，以此为基点，北京在“十二五”期间提出了大力推进“智慧城市”建设的宏伟目标。

北京作为我国的首都，在信息化建设上一直处于较高水平。物联网技术在智能交通、城市管理、视频监控、食品溯源、水质检测等方面的成功典型应用在全国处于领先地位，并逐步形成了一个产业链，北京已成为国内物联网应用发展最快的城市。目前，北京正在制定《智能北京行动纲要》，其中包含 60 多个项目，如智能交通、电子病历、远程医疗、智能家庭、电子商务等；已经启动“感知北京”示范工程建设，开展了智能城市运行管理、智能医疗卫生、生态环境智能监管、智能家庭等 10 大领域的示范工程项目建设，并在此基础上初步构建了“智慧北京”的智慧城市框架体系，详见图 2-5。

在北京的智慧城市框架体系中，北京市从应用角度将智慧技术定位于城市运营基础、政府、企业以及居民这四个方面，作为智慧城市的支撑，并充分细化每一个智慧支撑目标及实现路径，目前正在推动实施。

在“十二五”建设期间，北京为推动智慧城市建设，在社会活动层面的举措有以下几点。

(1)以社会保障卡、市政交通一卡通卡为基础，打造“市民卡”，逐步实现养老、医疗卫生、社会福利、社区服务等领域一卡多用。

(2)推广应用“数字北京”缴费服务平台，整合各种支付方式，方便市民缴费。

(3)利用远程传输技术和物联网技术，逐步实现计量设施的自动化和智能化，让市民不再抄表缴费。

(4)发展面向工业、交通、建筑等重点领域的节能产业，壮大污水处理、大气污染防治和垃圾处理等环保产业，加快资源循环利用产业发展，加速发展节能环保服务业。

在空间层面上的举措有：北京交通管理部门构建了以“一个中心、三个平台、

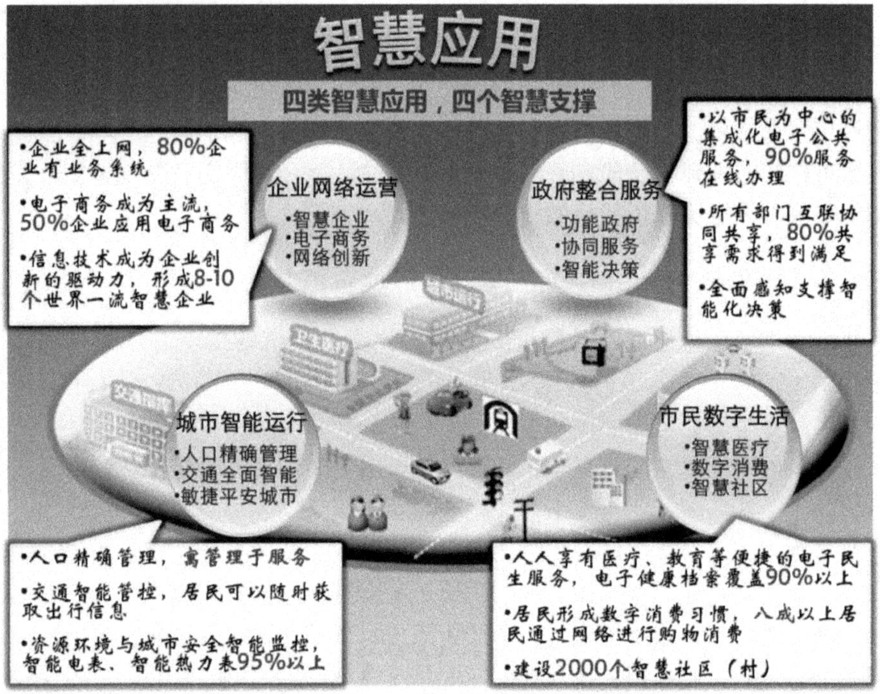


图 2-5 北京智慧城市建设框架体系

资料来源：童腾飞．智能北京电子政务规划专题讲座，2011

八大系统”为核心的智能交通管理系统体系框架，高度集成了视频监控、单兵定位、122 接处警、全球定位系统(global positioning system，GPS)警车定位、信号控制、集群通信等近百个应用子系统，强化了智能交通管理的实战能力。“十一五”期间，轨道运营里程达到 336 千米，轨道交通网络骨架初步形成。城六区城市道路总里程达到 6 355 千米，城市路网骨架基本形成。建成了东直门、北京西站北广场、北京南站等 5 个交通枢纽；建成了 5 号线天通苑北站等 3 个轨道交通驻车换乘停车场，1 349 个停车位；建成了首都机场 T3 航站楼等对外交通设施，完善了城市内、外交通，城市内部多种交通方式的整合衔接。

在技术层面上的成就有：软件、光电显示、集成电路、生物医药等附加值较高的产业领域逐渐成为新的增长点，多领域支撑的新型产业格局正逐步形成。第二、三产业融合逐步深化，电子信息、装备制造等领域大型企业逐步实现由产品制造商向系统服务商转变，电子商务、移动服务平台(mobile service platform，MSP)服务、物流应用服务提供商(application service provider，ASP)、生物合同研究组织(contract research organization，CRO)等新兴业态不断涌现，企业研发制造服务一体化趋势加速。北京智慧城市建设总结详见表 2-1。

表 2-1　北京智慧城市建设总结

| 项目 | | 描述 |
|---|---|---|
| 战略层面 | 城市战略 | 北京将围绕城市智能运转、生活智能便捷等若干主题，全面推进“智慧城市”建设战略 |
| 社会活动层面 | 特征描述 | 北京正处于社会加速转型的新阶段，不同社会群体的价值取向和利益诉求更趋多元 |
| | 相应措施 | (1)以社保卡、市政交通卡为基础，打造“市民卡”，实现一卡多用；<br>(2)加快资源循环利用产业发展，加速发展节能环保服务业 |
| 经济活动层面 | 该市生产总值占我国 GDP 的比重 | 1991 年为 2.75%，2001 年为 3.38%，2011 年为 3.39% |
| | 产业结构 | 第一产业占 0.9%，第二产业占 23.4%，第三产业占 75.7%(2011 年) |
| 空间层面 | 城市建设 | 全市交通事业实现了跨越式发展，各项交通基础设施建设进展顺利，常态化交通需求管理体系有效运转 |
| | 相应措施 | 北京交管部门构建了以“一个中心、三个平台、八大系统”为核心的智能交通管理系统体系框架，强化了智能交通管理的实战能力 |
| 技术层面 | 科技成就 | 软件、光电显示、集成电路、生物医药等附加值较高的产业领域逐渐成为新的增长点，多领域支撑的新型产业格局正逐步形成 |
| | 重大影响 | 北京市工业在全国率先实现向战略性新兴产业的转型升级，率先形成“创新发展”、“智能发展”和“绿色发展”的发展格局，在工业发展方式转变、战略性新兴产业培育和发展、全面提高信息化水平方面走在全国最前面 |
| 建设评价 | | 全方面建设、高效率实施是北京建设智慧城市的特点。在目前的建设中，北京市通过各个方面的建设提升智慧含量，使人们在生活中感受智能化的便利。北京“十二五”发展规划对有关智慧城市建设的具体方针做了详细的规划，针对个人、企业等提出了有针对性的建议和规划。智慧城市建设和规划都处于较高水平 |

### 2.2.2　上海——智慧城市再领风骚

上海借助世博会的机遇，引进全球“智慧城市”建设最新技术，消化再吸收，应用于世界园艺博览园(简称世博园)建设及管理的方方面面，这些新兴技术创新成果在上海世博会上得到了充分展示和示范应用，奠定了上海市建设智慧城市的基础，也使世博园成为智慧城市的“样板”。在世博会之后，上海做出了推进智慧城市建设 2011～2013 年行动计划，并在全国率先启动“城市光网”和“无线城市”建设。1991～2011 年，上海市生产总值占我国 GDP 比重在 4.07%～4.51%，保持在一个稳定的水平中，2011 年的三次产业结构比重为 0.65∶41.47∶57.88。上海的第三产业发展迅速，对上海之后的产业结构调整有很大帮助，而且对于智慧城市建设有较大的促进作用。

上海市积极适应国内外形势新变化，顺应人民群众过上更好生活的新期待，按照中央以科学发展为主题、以加快转变经济发展方式为主线的要求，紧紧围绕建设“四个中心”和社会主义现代化国际大都市的总体目标，坚持科学发展、推进“四个率先”，以深化改革扩大开放为强大动力，以保障和改善民生为根本目的，充分发挥浦东新区先行先试的带动作用和上海世博会的后续效应，创新驱动、转型发展，努力推动科学发展、促进社会和谐。并且，智力资源较丰富、商务环境较规范、城市开放度较高以及世博后续效应释放，为上海未来发展提供了坚实基础。

在建设上海智慧城市过程中，在社会活动层面的相应举措有以下几个方面。

(1)完善公共文化服务设施体系，建成中华艺术宫、上海当代艺术博物馆，重塑环人民广场剧场群。

(2)推进文化惠民工程，继续扩大文化馆、博物馆、图书馆、美术馆、纪念馆等公共文化场馆免费开放，完善社区文化活动中心功能。

(3)提升网络信息服务水平和业务承载能力，累计完成光纤到户覆盖 600 万户，实际光纤上网用户总量突破 200 万户，无线局域网热点总数超过 1.7 万处，家庭用户平均互联网接入带宽提高到 8 兆。

(4)启动新一轮创业带动就业三年行动计划，加强对全体劳动者的职业技能培训。

在空间层面上的举措有：2011～2013 年，上海基本建成城市光纤通信网络，宽带网络普及包括城镇地区在内的所有居民，网络覆盖家庭达到 650 万户以上，加上对有线电视用户进行的广播电视网改造，大部分家庭的平均网络速度将高达 20 兆，上网更加快速便捷。同时，上海公共服务场所将建成超过 22 000 处的无线网络热点，实现公共场所无线局域网 80%以上的普及率。此外，随着 3G 网络的全面普及，出现了国内最早的 TD-LTE(time-division long term evolution，即分时长期演进)商业应用前景。

在技术层面的科技成就有：云计算是当前非常热门、极受追捧的新兴产业之一。上海“云海计划”正在积极落实中，对云计算关键、共性技术的研发正在大力推进。与研发同步，一批以市场为导向的“应用云”已在规划建设之中，“金融云”将支撑金融核心交易、在线支付、银行卡管理等业务；“中小企业服务云”将全方位地解决中小企业难题；“文化云”可面向互动娱乐、网络视听等领域；“云中生活”“电子政务云”等已在个别城区试点推出。上海智慧城市建设总结见表 2-2。

**表 2-2 上海智慧城市建设总结**

| 项目 | | 描述 |
|---|---|---|
| 战略层面 | 城市战略 | 智力资源较丰富、商务环境较规范、城市开放度较高以及世博后续效应释放，为上海未来发展提供了坚实基础 |

续表

| 项目 | | 描述 |
|---|---|---|
| 社会活动层面 | 特征描述 | 城乡、南北之间社会事业统筹发展力度进一步加大，多途径解决幼儿园“入园难”矛盾，教育资源公平性和均衡性进一步加强；城乡整体医疗服务水平继续提升；一批学校、医院和文化体育设施项目加快建设 |
| | 相应措施 | (1)推进文化惠民工程，继续扩大文化馆、博物馆等公共文化场馆的免费开放，完善社区文化活动中心功能；<br>(2)加强“四位一体”住房保障体系建设 |
| 经济活动层面 | 该市生产总值占我国 GDP 的比重 | 1991 年为 4.10%，2001 年为 4.51%，2011 年为 4.07% |
| | 产业结构 | 第一产业占 0.65%，第二产业占 41.47%，第三产业占 57.88%(2011 年) |
| 空间层面 | 城市建设 | 轨道交通运营里程超过 440 千米，绿化覆盖率达到 38%以上，环境空气质量不断改善 |
| | 相应措施 | 2011～2013 年，上海基本完成宽带城市建设、巩固轨道建设以及城市环境维护 |
| 技术层面 | 科技成就 | 在上海，“云海计划”正在全面实施中，让云计算实现自主可控的关键技术正在全力研发中 |
| | 重大影响 | 推进信息技术在各领域的应用，实施数字教育工程、卫生信息化工程等项目，推广公用事业账单电子化，推进智能电网、物联网、云计算、社区数字惠民工程等示范应用工程 |
| 建设评价 | | 上海以世博会为契机，在此基础上发展智慧城市的建设。智慧上海主要涵盖三大网络：一是以物联网为代表的物质网络；二是以云计算为代表的信息网络；三是以智能电网为代表的能量网。上海的智能化探索说明智慧城市离我们并不遥远，在打造智慧城市的过程中，不仅需要丰富的想象力，也需要开放吸收的心态和符合中国国情和市场的商业手段。上海的智慧城市建设之路有自己明确的目标和方向，也有稳定的实施基础，处于稳步前进、快速发展的阶段 |

### 2.2.3　广州——数字广东龙头城市

广东省希望通过打造“数字广东”，发展现代信息服务业，加强对先进制造业和现代服务业的支撑，实现产业结构转型升级，“让经济变得更有效率”。1991～2011 年，广州市生产总值占我国 GDP 比重从 1.78%上升到 2.61%，2011 年的三次产业结构比重为 0.5∶38.8∶60.7。经济发展迅速，对于建设智慧城市有很大帮助。

在“十一五”期间，广州市的经济实现了重大跨越。全市经济保持平稳较快的增长，地区生产总值年均增长率达到了 13.5%，成为全国第三个经济总量超万亿元的城市。目前，广州市初步建立以服务经济为主体，高级化趋势明显，中心城区产业“退二进三”，并与一批具有现代服务业的功能区建设同步推进的产业结构特征，调整成效显著。城市功能在产业调整的过程中大幅度提升，网络型、组团式的城市空间形态凸显。陆海空枢纽型的基础设施日臻完善，综合交通枢纽功能日益增强，以广州为中心的城际轨道交通线网日趋完善。城市建设和管理日趋完善，城乡绿道网建设成绩斐然，成功举办第16届亚洲运动会(简称亚运会)，国际形象和影响力有了大幅度提升，后亚运时期的广州逐渐形成了推动又好又快发展的新优势。

在建设智慧城市过程中，广州市在社会活动层面上的相应举措有以下几方面。

(1)广州市大型医院已采用了医院信息系统(hospital information system，HIS)，如广州市社会保障(市民)卡看病、广州海南医保一卡通；广州将结合广州“天云计划”的实施及其在生物医药领域的应用，打造一个以华南生命科学研究成果为基础的、高效开放的国际化生物信息平台。

(2)广州市实施“数字环保”工程，推进城市土地和水等自然资源管理的信息化，大力推进土地资源、城市规划、城市建设、园林绿化、环境保护等领域信息资源共享，促进跨部门业务协同，提升对土地、水、森林、气候等自然资源的规划、监管和利用能力；完善南海“数字环保”项目建设，在禅城建设一体化环境综合信息系统。

在空间层面的相应举措有以下几方面。

(1)广州市已建立了交通控制与指挥系统、交通管理信息网络、闭路电视监视系统、电子警察和路面车流监测系统，启用了公共交通综合管理系统；在各交通管理职能部门之间建起了主干4G、各主要节点2G带宽的千兆以太网络平台。

(2)推进了珠江新城智能交通试点工程。广州正进一步优化升级公交GPS智能调度、出租车电召、停车诱导系统、羊城通等智能交通管理系统，扩大GPS和RFID的应用。

(3)应用物联网技术完善市区道路、快速路及轨道交通的智能交通管理信息系统、旅行信息系统、高速公路区间测速系统等业务子系统。加快公交智能调度系统的建设，普及GPS在各类车辆上的安装和应用。市区交通诱导、交通控制、电子警察、出租车统一调度和停车场显示等系统相继完成并投入使用。

在技术层面上的科技成就有：广州市已应用RFID技术车辆识别系统；广州白云区科技园内的广州华特实业公司成立了华特物联网数据中心，将引导汽车零部件物联网蓝海的开辟；广州数控设备有限公司(简称广州数控)的传感器、计算机和软件技术的嵌入利用以及自主研发的GSK系列工业机器人；广汽本田汽车有限公司(简称广汽本田)发明的车间空调节能控制系统、中上涂工艺空调器温湿度随动控制、压缩空气供应系统节能自控模式等物联网应用的开发等。广州智慧城市建设总结见表 2-3。

表 2-3　广州智慧城市建设总结

| 项目 | | 描述 |
|---|---|---|
| 战略层面 | 城市战略 | 全市经济保持平稳较快增长，地区生产总值年均增长 13.5%，成为全国第三个经济总量超万亿元的城市。广州市目前产业结构调整成效显著，高级化趋势明显，初步建立以服务经济为主体的产业结构，中心城区产业“退二进三”与一批现代服务业功能区建设同步推进 |
| 社会活动层面 | 特征描述 | 中心城市医疗服务功能显著增强，住房保障体系日益完善，城市应急、安全生产、粮食和食品药品安全工作逐渐加强 |
| | 相应措施 | (1)广州市大型医院已采用了信息系统；<br>(2)广州市实施“数字环保”工程 |
| 经济活动层面 | 该市生产总值占我国 GDP 的比重 | 1991 年为 1.78%，2001 年为 2.59%，2011 年为 2.61% |
| | 产业结构 | 第一产业占 0.5%，第二产业占 38.8%，第三产业占 60.7%(2011 年) |
| 空间层面 | 城市建设 | 广州已经建成了规模庞大、功能齐备、覆盖全面的城市基础设施体系，成立国际信息通信枢纽 |
| | 相应措施 | 广州市已建立了交通控制与指挥系统、交通管理信息网络、闭路电视监视系统、电子警察和路面车流监测系统，启用了公共交通综合管理系统 |
| 技术层面 | 科技成就 | 广州市已应用 RFID 技术车辆识别系统；广州数控的传感器、计算机和软件技术的嵌入利用以及自主研发的 GSK 系列工业机器人；广汽本田发明的车间空调节能控制系统、中上涂工艺空调器温湿度随动控制、压缩空气供应系统节能自控模式等物联网应用的开发等 |
| | 重大影响 | 产业布局和产业结构加速调整，新材料、新能源、物联网等新兴领域重大技术变革正在酝酿中，有利于广州充分利用国际创新资源，提升自主创新能力 |
| 建设评价 | | 智慧广州的建设重点就是数字化，推进政务、商务、生产、生活等领域的信息化，打造成为面向全世界、服务全国的信息区域中心。依托后亚运时代效应，强力打造数字广州，目前建设过程中通过先进信息系统改进城市交通、城市基础设施以及企业内外部机器设备和配套物流设施等，都有显著的成效 |

### 2.2.4　南京——人文特质智慧城市

南京是继宁波之后，国内少有几个从整个体系角度对智慧城市进行研究与发展的城市。1991～2011 年，南京市生产总值占我国 GDP 比重从 0.93%增长到 1.30%，2011 年的三次产业结构比重为 2.7∶44.9∶52.4。南京市规划在“十二五”期间建设宽带、泛在、融合、安全的信息化基础设施，以“第四代无线通信”

长期演进(long term evolution, LTE)、“下一代互联网”(IPv6)、“新一代广播电视网”建设及物联网、云计算等关键技术研发创新为核心，积极推进“三网融合”工作，大力扩容互联网出口带宽，为智慧南京建设提供必要的技术保障。南京通过信息化基础设施构建了电子政务、电子商务以及电子服务三大应用架构，将政府管理、企业管理以及民生管理分别分至这些模块，从而形成了南京智慧城市框架体系，用以实现整个城市运营的智慧化，详见图 2-6。

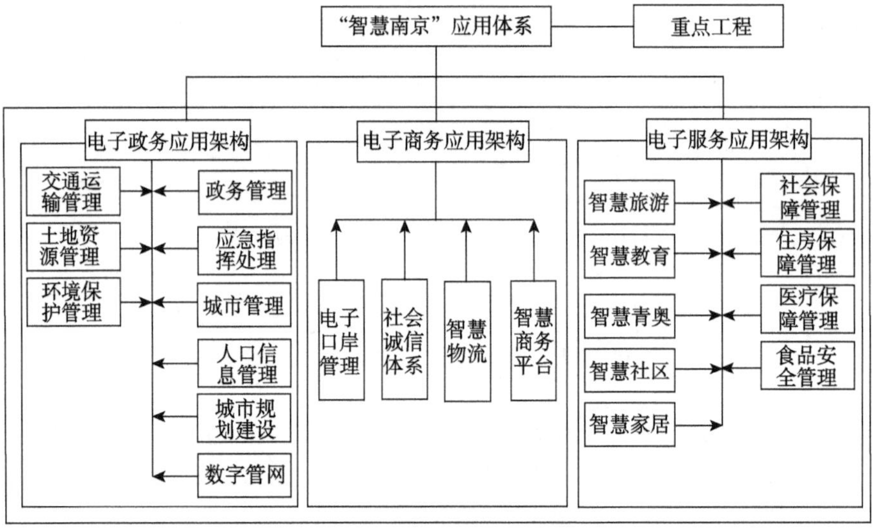


图 2-6 南京智慧城市框架体系

资料来源：童隆俊．智能南京城市发展新模式，2011

具体来说，南京市希望以快速、泛在、整合、安全的信息化基础设施为支撑，并形成一批上规模的智慧产业基地，以构建智慧政务(包括政务数据中心、资源整合中心等)、智慧商务(包括电子商务、智慧“物流”、诚信体系等)，以及智慧事务(包括医疗、卫生、社区等领域的信息化建设)，从而使南京信息化水平进入全国领先行列，逐步走出具有南京特色的智慧城市发展之路。

智慧南京的建设，充分发挥了南京科教、产业和人才优势，集成先进技术，大力推进“三网融合”、“两化融合”以及物联网与互联网的融合，促进经济结构转变，惠及百姓民生。同时，南京的智慧城市建设根植南京悠久的历史文化积淀，依托优美独特的自然环境，让智慧南京充满了人文底蕴，塑造了别具一格的人文特质智慧城市。2006 年，南京提出“发展智慧产业、构建智慧城市”的构想，如今南京正朝着现代化国际性人文绿都的既定战略目标迈进。南京要在“转型发展、跨越发展和创新发展”的战略统领下，以“智慧城市”战略为导向、谋划和推进产业发展、城市转型。

在建设智慧城市的过程中，南京在社会活动层面上的相应举措有以下几方面。

(1)建设平安、生态的环境，以及全方位、智能化的立体应急防护系统，实现城市安防由“事后控制”向“事前控制”转变，提升“智慧南京”的安全度和市民的安居满意度。

(2)在智慧生态建设中，太阳能、风能、生物质能等可持续能源将被广泛采用。“智慧医疗”是一个依托现代电子信息技术和互联网，建立在信息丰富完整、跨服务部门基础之上，面向患者的系统工程。对医生来说，其可以透过“智慧医疗”电子健康档案平台，浏览病人诊疗记录，节约问诊时间。

在空间层面上的相关举措有以下几方面。

(1)推进公交优先和轨道交通相结合的城市交通系统建设，轨道交通达到 85 千米的里程，公共交通的分担率提高到 31%。

(2)凸显全国综合交通枢纽的地位，相继建成沪宁城际铁路、南京长江隧道等重大基础设施，高速公路密度居全省第一，禄口国际机场达到超过 1 000 万人次的客运量。

(3)逐步深入推进城市环境整治，全面启动城市主要干道以及支路景观化的改造，推进雨污分流工程，城乡主要河湖水体质量得到有效改善。

在技术层面上的科技成就有：南京重点推进无线宽带行业专网建设，加快 4G 移动通信网络试点工作，从而促进无线宽带城市建设。发展新一代互联网技术和云计算技术，促进实施城市光网工程建设，形成高速传输和高效处理瞬间产生的海量信息的能力，基本实现千兆到楼、百兆到户，努力构建无处不在、安全高效的泛在网络。南京智慧城市建设总结见表 2-4。

**表 2-4　南京智慧城市建设总结**

| 项目 | | 描述 |
|---|---|---|
| 战略层面 | 城市战略 | 南京跟进新技术，完善智慧的基础设施，实现智慧互联；以开放式的架构发展智慧的应用 |
| 社会活动层面 | 特征描述 | 全民健身工作迈向长效化，人民生活水平进一步提高，卫生服务体系健全率达到 100%。基本实现城乡低保、新型农村合作医疗和农村社会养老保险全面覆盖 |
| | 相应措施 | (1)建设平安、生态的环境，以及全方位、智能化的立体应急防护系统；(2)建立在信息丰富完整、跨服务部门基础之上，面向患者的系统工程 |
| 经济活动层面 | 该市生产总值占我国 GDP 的比重 | 1991 年为 0.93%，2011 年为 0.90%，2011 年为 1.30% |
| | 产业结构 | 第一产业占 2.7%，第二产业占 44.9%，第三产业占 52.4%(2011 年) |

续表

| 项目 | | 描述 |
| --- | --- | --- |
| 空间层面 | 城市建设 | (1)推进公交优先的城市交通系统建设；<br>(2)全面深入推进城市环境整治，并启动城市主要干道和支路景观化改造工作，推进雨污分流工程建设 |
| | 相应措施 | 重点关注高性能信息处理、云计算、物联网等先进技术应用，加快环境监测、公共安全、应急联动等方面的项目建设进程 |
| 技术层面 | 科技成就 | 实施城市光网工程，形成对瞬间产生的海量信息进行高速传输和高效处理的能力，基本实现千兆到楼、百兆到户 |
| | 重大影响 | 普及并推广信息技术在农村的应用，缩小城乡数字鸿沟；人们对信息的获取更加便捷 |
| 建设评价 | | 智慧南京的主要实施方向为交通、医疗和电力，通过搭建物联网给企业和百姓生活带来便利，并提高了南京整体的信息化程度；整体建设处于稳步发展阶段，有些智慧项目已经实施，对南京的医疗改革和交通系统完善都有明显的推进作用，这对于今后的继续建设有很好的带动作用 |

### 2.2.5 宁波——现代化国际港口智慧城市

宁波，作为最早对外开放的东南沿海重要的港口城市之一，也是国内港口货物吞吐量位居第二的港口城市，2008 年人均 GDP 首次突破 1 万美元，已达到中上等发达国家水平。1991～2011 年，宁波市生产总值占我国 GDP 比重从 0.86% 增长到 1.27%，2011 年三次产业结构比重为 4.2∶55.5∶40.3。宁波经济社会发展的综合实力较强，连续两次被评为全国文明城市，创新型城市建设水平走在全国前列。有关统计数据显示，目前宁波城市化率已超过 60%，未来五年宁波将步入城市化中后期，城市发展将全面进入功能开发新阶段，同时也将面临城市管理、民生改善、城市交通、环境资源等方面越来越严峻的挑战，而“智慧城市”为城市发展中遇到的这些问题提供了解决之道。

宁波市自 2010 年以来，先后启动四个智慧城市的项目，分别是智慧物流和智慧健康保障两大应用系统，以及宁波国家高新区软件研发推广产业基地、杭州湾新区智慧装备和产品研发与制造基地两大智慧产业基地。根据规划，宁波市智慧城市建设将在经济、社会、文化、政治和生态文明五个方面全面开展，历经十年，将宁波打造成具有现代化国际港口城市特色、中国领先的、拥有先进智慧产业基地和具备领先优势的智慧基础设施的智慧城市，力争在 2020 年跻身国际智慧城市的行列。宁波智慧城市建设框架体系如图 2-7 所示。

宁波的智慧城市规划紧密结合自身的地理优势，围绕“现代化国际港口城市”的主题，在经济、社会、文化、政治和生态文明五个方面全面开展建设，目标定位为跻身国际智慧城市行列。宁波在“十二五”规划中提出要“加快创建智慧城市，

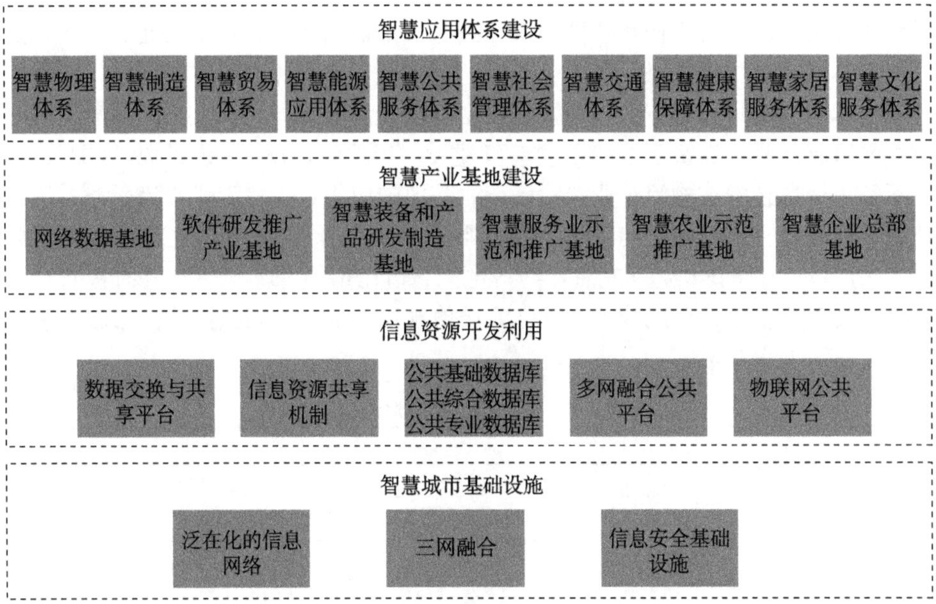


图 2-7　宁波智慧城市建设框架体系

提升信息化水平”，“把握物联网等新一轮信息技术发展的新机遇，以全国电子商务试点城市建设为契机，以智慧应用为导向，以智慧产业发展为重点，促进信息化与工业化、城市化的融合”。

宁波在建设智慧城市过程中，在社会活动层面做出的相应举措有以下几点。

(1)全面推进面向市民的住房、教育、就业、文化、社会保障、防灾减灾等公共服务智慧应用系统建设。

(2)大力推进面向企业的行政审批、投资融资、企业信用、技术创新等公共服务信息平台建设。

(3)推进各专业应用系统与 81890 市民呼叫服务中心、市民卡、信息亭等综合性公共服务平台的无缝链接，进一步拓展应用功能和范围。

在空间层面做出的相应举措有以下几点。

(1)大力实施公交优先战略，着力推进城市公交专用道建设，建立以轨道交通为骨干、常规公交为基础、出租车为辅助的比较完善的公共交通体系。

(2)积极开发并利用城市地下空间，发展智慧交通，加强交通管理，有效缓解交通“出行难”。

(3)充分挖掘现有停车场所的潜力，加快公共停车场建设，有效缓解城市“停车难”。

(4)加快推进“三横三纵”快速路网络建设工作，以机场快速路和南北环快速路等项目为中心，以推进杭甬高速公路复线、高速公路余慈连接线、形成余慈组团高速公路环网，逐步构建以城市快速路与主干道相结合、纵横贯通、干支相连的中心城区综合交通网络。

技术层面的科技成就有：围绕建设全国性物流节点城市和上海国际航运中心的主要组成部分，加快宁波港智慧港口建设，推广 RFID、多维条码、GPS、电子商务等信息技术在物流企业、物流产业基地的应用，加快现代物流服务系统建设，形成高水平、个性化的现代物流体系。宁波力争在 2015 年之前，实现战略性新兴产业产值 6 000 亿元左右，约占生产总值比重的 15%，建成一批极具特色的国家级产业基地，形成若干个千亿元产值规模的战略性新兴产业。宁波智慧城市建设总结见表 2-5。

**表 2-5 宁波智慧城市建设总结**

| 项目 | | 描述 |
|---|---|---|
| 战略层面 | 城市战略 | 围绕"现代化国际港口城市"的主题，在经济、社会、文化、政治和生态文明五个方面全面开展建设，目标定位为跻身国际智慧城市行列 |
| 社会活动层面 | 特征描述 | 科技带动和创新驱动战略趋势明显，生态文明建设稳步推进，节能减排如期实现规划目标，城乡区域统筹取得实质性的进展，就业规模日益扩大，服务型教育体系日臻完善 |
| | 相应措施 | (1)全面推进面向市民的住房、教育、就业、文化、社会保障、防灾减灾等公共服务智慧应用系统建设；<br>(2)大力推进面向企业的行政审批、投资融资、企业信用、科技创新等公共服务信息平台建设 |
| 经济活动层面 | 该市生产总值占我国 GDP 的比重 | 1991 年为 0.86%，2001 年为 1.20%，2011 年为 1.27% |
| | 产业结构 | 第一产业占 4.2%，第二产业占 55.5%，第三产业占 40.3%(2011 年) |
| 空间层面 | 城市建设 | 港口综合服务功能日益增强，全国性物流节点城市基本落成；实施公交优先发展战略，全面快速推进"三横三纵"快速路建设 |
| | 相应措施 | 宁波主要实施推进以城市道路交通监控系统、交通视频监控系统、高清拍摄系统和动静态交通诱导系统为主要内容的建设 |
| 技术层面 | 科技成就 | 加快宁波港智慧港口建设，推广 RFID、多维条码、GPS、电子商务等信息技术在物流企业、物流产业基地的应用 |
| | 重大影响 | 建成一批国家级产业基地，形成若干个千亿元产值规模的战略性新兴产业，推广宁波现代物流建设，吸引更多投资 |
| 建设评价 | | 建设成为"现代化国际港口城市"是宁波的发展主题，其始终围绕港口城市建设，加快与其配套的智慧物流以及智慧信息系统等相关产业的发展，同时加强经济、社会、文化等的建设，这些均说明宁波对于建设特色的智慧城市有自己独特的发展战略。目前，宁波港的建设正在快速稳步发展，智慧港口建设颇有成效 |

### 2.2.6　深圳——科技人文生态的智慧城市

2010 年是深圳特区建立 30 周年，也是深圳把握新一轮科技创新革命和信息产业浪潮的重大机遇期。为充分发挥独特优势，加快形成有利于城市发展的智慧环境，2010 年 2 月 3 日，深圳市首次提出“智慧深圳”理念，并从科技、人文、生态三个方面打造新时期的“智慧城市”。1991～2011 年，深圳市生产总值占我国 GDP 比重从 1.09％增长到 2.44％，是国内城市中地区生产总值增长速度相对较快的城市之一，而且 2011 年的三次产业结构比重为 0.1∶46.5∶53.4。作为深圳的支柱产业之一，电子信息产业在全国范围内也是一枝独秀，产值占到了全国的 1/6。依托强大的电子信息产业，深圳信息化建设一直处于全国前列，“智慧深圳”的科技理念在领先的信息化进程中体现得淋漓尽致。2011 年 7 月，深圳市政府审议并原则通过了《深圳推进物联网产业发展行动计划(2011—2013)》，其计划利用三年时间，应用物联网技术建设智慧交通、智慧物流、智慧生活等一系列实用性强、经济效益高、社会效益明显的应用示范工程，将深圳建设成为创新能力强、应用模式可持续、产业发展领先的物联网技术、产业和应用的先导城市，使物联网产业成为深圳新的经济增长点。

国务院发布的《珠江三角洲地区改革发展规划纲要(2008—2020 年)》中，明确了深圳“一区四市”的战略定位，“一区”是国家综合配套改革试验区，“四市”分别为全国经济中心城市、国家创新型城市、中国特色社会主义示范市以及国际化城市。为实现这一目标，深圳将社会的全面和谐发展放在首位，“从注重经济增长向更加注重经济社会全面发展转变，使经济更有效益、民生更为幸福、文化更具品位、城市更富魅力、生态更加美好，当好推动科学发展、促进社会和谐的排头兵”，提出了“深圳质量”的发展理念。深圳市的智慧策略定位于科技、人文、生态三个智慧主题，以此打造新时期的智慧城市，迎接新一轮的发展机遇。

深圳在建设智慧城市过程中，在社会活动层面上的相应举措有以下几点。

(1)率先在全国实行“全民医保”，基本建立社会福利、社会救助和优抚安置三大体系。

(2)实施免费义务教育，惠及学生达到 272 万余人次，每年解决近 50 万非深圳户籍学生的入学问题。

(3)实现社区健康服务网络基本全覆盖，社工和义工队伍建设处于全国前列。

(4)综合治理社会治安、城市应急、安全生产、食品安全、自然灾害防治等工作日益加强。

在空间层面的相应举措有以下几点。

(1)基本形成“一横八纵”城市干线道路网，轨道交通运营里程达到 65 千米。

(2)顺利开通福田口岸和深圳湾口岸，如期推进广深港客运专线、厦深铁路深圳段、深圳机场扩建工程。

(3)提升油、电、水、气的保障能力，有序开展“西气东输二线”深港支线工程。

(4)城中村综合整治和市容环境提升行动成效明显。保护环境工作从传统的治污保洁向推动生态建设和低碳发展转换，人居环境的质量日益改善，先后成为“创建国家生态园林城市”示范市以及首批国家生态文明建设试点地区。

技术层面的科技成就有以下几点。

(1)前海深港现代服务业合作区逐步上升为国家区域发展战略重点，经济特区范围逐步扩大到全市，国务院批复综合配套改革总体方案，改革开放全面进入新的阶段。

(2)开放型经济发展水平日益提升，开放合作领域进一步扩大，经贸合作、招商引资取得新突破，实际外商直接投资 5 年累计至 194 亿美元。

(3)坚实迈出“走出去”战略实施的步伐，企业对外投资规模进一步扩大，华为、中兴等龙头企业搭建全球发展布局。

(4)深港合作的紧密度加大，深澳、深台合作加强。

(5)关键产业领域的核心技术创新进程取得重大进展，创新体系日趋完善，科技进步贡献率到 2015 年高达 60%，高技术产业增加值占地区生产总值比重约为 35%，每万人口年度发明专利授权数量达到 12 项。到 2015 年，国家级的工程(技术)研究中心、工程实验室、重点实验室以及企业技术中心力争达到 50 家左右。

(6)加快科技创新体制机制改革的步伐，促进创新、创业、创优“三创合一”，推进科技创新与金融、商业、文化、管理创新良性互动的横向集成创新，从而打造全球创新收益高、创新成本低的先进城市。

深圳智慧城市建设总结见表 2-6。

**表 2-6 深圳智慧城市建设总结**

| 项目 | | 描述 |
|---|---|---|
| 战略层面 | 城市战略 | 定位于科技、人文、生态三个智慧主题，以此打造新时期的智慧城市，迎接新一轮的发展机遇 |
| 社会活动层面 | 特征描述 | 社会民生日益改善，就业、社会保障、医疗卫生、教育、文化等事业加快发展 |
| | 相应措施 | 建设智慧社区应用系统平台 |
| 经济活动层面 | 该市生产总值占全国 GDP 的比重 | 1991 年为 1.09%，2001 年为 2.26%，2011 年为 2.44% |
| | 产业结构 | 第一产业占 0.1%，第二产业占 46.5%，第三产业占 53.4%(2011 年) |

续表

| 项目 | | 描述 |
|---|---|---|
| 空间层面 | 城市建设 | (1)全市“一横八纵”城市路网基本覆盖；<br>(2)全市油、电、水、气保障能力显著改善；<br>(3)城中村综合整治和市容环境提升行动成效明显 |
| | 相应措施 | (1)开展“十二五”智能交通专项规划工作；<br>(2)成立智能电网创新联盟 |
| 技术层面 | 科技成就 | 关键产业领域的核心技术创新取得重大突破，创新体系日趋完善，到 2015 年，科技进步贡献率约达到 60%，高技术产业增加值占地区生产总值比重约达到 35%，每万人口年度发明专利授权数量达到 12 项 |
| | 重大影响 | 推进科技创新与金融、商业、文化、管理创新良性互动的横向集成创新，从而打造全球创新收益高、创新成本低的先进城市 |
| 建设评价 | | 深圳建设智慧城市也有自己特有的发展方向，明确的发展主题——“科技、人文、生态”，围绕这三个方面，深圳分别做出了相应的智慧发展策略，把智慧化、信息化引进目前的产业和基础设施中，给企业和百姓生活带来便利。深圳作为特区，发展速度快，能更迅速地了解和吸收国外先进的技术，然后运用到深圳的各个方面，促进深圳智慧城市的建设。目前，深圳智慧城市建设相比其他地区进行得更为迅速和有效，成效也更为显著，有利于其他智慧城市建设借鉴经验 |

### 2.2.7　武汉——中部地区智慧城市的先驱

国务院明确将武汉定位为“我国中部地区的中心城市”，与此同时，武汉城市圈获批全国“资源节约型、环境友好型”两型社会建设综合配套改革试验区。1991～2011 年，武汉市生产总值占我国 GDP 比重从 0.95%增长到 1.43%，2011 年三次产业结构比重为 2.9：48.2：48.9。武汉在“十二五”规划纲要中提出“提升城市功能，建设智慧城市”，“围绕提高城市建设和管理现代化水平，全面完善交通和市政设施网络，加快推进以数字化、网络化、智能化为特征的智慧武汉建设，基本建成全国性综合交通枢纽，基本建成中心城区快速交通体系”。

智慧武汉是指充分借助物联网和传感网，涉及诸多领域，如智能楼宇、路网监控、智能家居、智能医院、食品药品管理、城市生命线管理、个人健康与数字生活等，把握新一轮科技创新革命和信息产业浪潮的重大机遇，充分发挥发达信息通信产业、RFID 相关技术、电信业务及信息化基础设施的作用，通过建设信息通信产业基础设施、认证、安全等平台和示范工程，加快产业关键技术攻关，培育武汉发展的智慧环境，形成基于海量信息和智能过滤处理的新的生活、产业发展、社会管理等模式，构建面向未来的全新城市形态。

在社会活动层面上的相应措施有：保障和改善民生始终作为一切工作的出发

点和落脚点，始终围绕人民群众最关心、最直接、最现实的问题，如就业、社保、教育、医疗、住房、食品、农村饮水及安全生产等，制定相关民生净福利指标体系，实施民生工程，竭力让人民生活得更加幸福、有尊严，让社会更加公正、和谐。充分运用宽带、无线以及海量存储等技术，实现网络数字化、智能化，促进数字图书馆、电子娱乐等的发展，提升武汉的文化品牌。供应智慧政务服务，“网上虚拟大厅与实体大厅相结合”的公共服务模式，实现市民、企业“一站式”办理行政审批的目标。建设智慧小区，集多元服务、物业管理、安防、住宅智能化系统于一体，实现动态交互作用、在线监控等。

在空间层面上相应的措施有：实施主要交通节点处交通流的控制，同时结合电视监控、交通诱导，建立交通信息互动发布平台，从而向社会提供实时交通流量信息以及出行建议，提供点到点的服务，优化目前的交通状况。采用双光路光纤光栅传感器，针对高速铁路所面临的“雨雪天气”、“地震”、“异物侵限”等进行监测。不误报、不漏传，可用于高铁、机场、金库等重要设施的防护。采用超高频 RFID、高速移动、识别技术，结合地理信息系统(geographic information system，GIS)的实时信息发布，城市区域交通信号智能联控技术，实现城市交通的智能管理。建立一条兼顾上下游的可视化的物流管理平台。通过条码或者 RFID 信息，追踪到材料和成品在出入库、生产、运输各个环节的信息。客户和供应商直接通过这个平台获取其想要的信息。

在技术层面的科技成就有：武汉市是第一批“三网融合”试点城市之一。武汉以东湖高新区为试点，积极探索“三网融合”发展模式，并在成功经验基础上向城市推广。东湖高新区应打造覆盖全区的高速无缝宽带网络，借助物联网推动园区转型，实现工业化和信息化的融合。2011 年武汉电子信息产业规模达到 1 305.4 亿元，在中部地区排名第一。武汉以东湖高新技术开发区、吴家山经济技术开发区和武汉经济技术开发区等招商引资为载体，重点引进世界 500 强企业，策划并引进一批大财团、大企业、重大产业项目，指引外资投向一批先进制造业、现代服务业和战略性新兴产业，加强智力、人才及技术引进工作力度。实行“走出去”战略，指导一些有实力的企业发挥优势，积极有效地开展工程承包、境外投资等业务。武汉智慧城市建设总结见表 2-7。

**表 2-7 武汉智慧城市建设总结**

| 项目 | | 描述 |
|---|---|---|
| 战略层面 | 城市战略 | 始终以提高城市建设和管理现代化水平为主题，完善交通和市政设施网络，推进以数字化、网络化和智能化为特征的智慧武汉建设的进度，基本构建全国性综合交通枢纽，基本完成中心城区快速交通体系的建设工作 |

续表

| 项目 | | 描述 |
|---|---|---|
| 社会活动层面 | 特征描述 | 科技、教育、文化、卫生和体育等社会事业迅猛发展，公共服务日益趋向均等化 |
| | 相应措施 | (1)供应智慧政务服务，实现市民、企业“一站式”办理行政审批的目标；<br>(2)建设智慧小区，集多元服务、物业管理、安防和住宅智能化系统于一体，实现动态交互作用、在线监控等 |
| 经济活动层面 | 该市生产总值占我国 GDP 的比重 | 1991 年为 0.95%，2001 年为 1.22%，2011 年为 1.43% |
| | 产业结构 | 第一产业占 2.9%，第二产业占 48.2%，第三产业占 48.9%(2011 年) |
| 空间层面 | 城市建设 | 着力推进全市铁、水、公、空等多样运输方式高效连接，构建“铁、水、公、空、管”一体化的综合交通体系 |
| | 相应措施 | 实施电视监控和交通诱导主要交通节点，均衡全市交通流，发布实时交通流量信息、出行建议等，提供点到点服务，优化目前交通状况 |
| 技术层面 | 科技成就 | 2011 年武汉电子信息产业规模达到 1 305.4 亿元，在中部地区排名第一 |
| | 重大影响 | 实施“走出去”战略，引导一批有实力的企业发挥竞争优势，积极有效地开展工程承包、境外投资等业务 |
| 建设评价 | | 武汉作为中部地区的中心城市，有着引领中部地区智慧城市建设发展的先驱作用。因此，武汉也明确了自己的发展目标，即建成“全国性综合交通枢纽，基本建成中心城区快速交通体系”。在建设智慧城市进程中，武汉市从智慧交通体系、智慧政务服务和智慧小区建设等多方面开展工作，目前处于建设的初期阶段，正在稳步发展，也有阶段性成效，对于中部其他地区建设有指导作用 |

## 2.3　国内外智慧城市建设的关键要素与模式分析

### 2.3.1　国外智慧城市建设特点与关键要素分析

表 2-8 从战略、社会活动、经济活动、空间和技术五个维度，对国外典型国家的智慧城市建设情况进行了总结，并对上述国家智慧城市的建设特点进行了系统化的对比分析。

**表 2-8 国外典型智慧城市建设的基础条件及特点**

| 国家(地区) | 战略层面 | 社会活动层面 | 经济活动层面 | 空间层面 | 技术层面 | 典型城市 |
|---|---|---|---|---|---|---|
| 美国 | 将经济刺激资金投入宽带网络等新兴技术中，作为在 21 世纪保持和夺回竞争优势的方式 | 加大智慧型基础建设，如智慧医疗等，降低美国失业率，并提升长期竞争优势 | 2011 年 GDP 为 15.09 万亿美元，占世界 GDP 的比重为 21.66% | 启动联邦智能交通系统，公众用智能手机就能实时了解交通状况；建设现代化城市电网 | 把新一代 IT 技术运用到各行各业，通过互联网形成物联网，推动能源、宽带和医疗的发展 | 迪比克、费城 |
| 欧盟 | “欧洲 2020 战略”，旨在通过信息通信技术的深度应用和广泛普及，取得稳定、持续和全面经济增长 | 从培养公众信息素养和推进电子政务发展两方面加强社会基础设施的建设 | 2011 年 GDP 为 17.58 万亿美元，占世界 GDP 的比重为 25.24% | 利用信息通信技术来解决城市交通和电网问题，解决成员国交通拥堵问题和能源利用率问题 | 对关键领域进行重点支持，攻克技术难关，成立合作企业，推动高技术的发展 | 斯德哥尔摩、阿姆斯特丹 |
| 英国 | “数字英国”计划，改善基础设施，推广全民数字应用，提供更好的数字保护，打造世界的“数字之都” | 发展应对世界气候变化的各种智能和环境友好型技术方案，推广可再生能源应用 | 2011 年 GDP 为 2.42 万亿美元，占世界 GDP 的比重为 3.47% | 打造泛在网和培养公民的数字素养，使其参与到数字经济和数字社会当中，同时推进智能交通系统的建设 | 世界级水准的学术和研究资源，政府和企业合作开发智能项目，如酷比科技(cubed)项目开发的虚拟伦敦(Virtual London) | 伦敦、格洛斯特 |
| 日本 | “I-Japan 战略 2015”，聚焦电子政务、医疗健康和人才培育等，2015 年实现对社区的智能管理 | 开展多种智慧化应用，服务于高密度人群和节约资源方面，提高可再生能源利用率 | 2011 年 GDP 为 5.87 万亿美元，占世界 GDP 的比重为 8.43% | 推出智能交通系统，缓解道路拥堵状况；利用电子标签，追踪货物去向，提高物流效率 | 推广网络技术，开拓支持日本的新产业发展；成立野村综合研究所(Nomura Research Institute，NRI)，为提高智能化运行提供有力帮助 | 东京、横滨 |
| 韩国 | “U-Korea”政策，通过四项基础建设和五大应用开发，把资源数字化、网络化、可视化、智能化 | 建设视频监控中心、U-中心和 U-环境系统等，从各个方面为公众提供智能服务 | 2011 年 GDP 为 1.11 万亿美元，占世界 GDP 的比重约为 1.6% | 推进智能公共交通项目，实施一体化汽车站，实现对交互式网络电视、交通信息等多方面服务的融合 | U-Korea 通过布建智能网络、推广信息技术应用等信息基础环境建设，强化产业优势与国家竞争力 | 釜山、仁川 |

续表

| 国家（地区） | 战略层面 | 社会活动层面 | 经济活动层面 | 空间层面 | 技术层面 | 典型城市 |
|---|---|---|---|---|---|---|
| 新加坡 | “智慧国 2015”计划，打造由资讯通信所驱动的智慧国家，缩小数字鸿沟，为公众提供一体化服务，提升公共领域的生产力和效率 | 通过发展清洁能源，鼓励绿色建筑、废水利用等推广绿色环保节能措施的实施 | 2011 年 GDP 为 0.26 万亿美元，占世界 GDP 的比重为 0.37% | 实施智能交通系统，提供实时交通信息；开通全地图（one map）服务，使公众轻松找到行车路线，方便出行 | 注重信息通信技术的推广应用，强化航运枢纽的地位，及各物流部门的服务能力；提高网速，扩大网络的全国覆盖率 | 新加坡 |

如表 2-8 所示，美国作为全球最发达的国家，其智慧城市的建设也走在世界各国的前列，已经取得相对较好的效果，对其他国家具有指导意义。美国智慧城市建设仍在进行中，比其他国家的进度相对较快，实施效果相对较好。欧盟的智慧城市建设则更加注重城市的生态环境和智能经济，从“i2010 战略”到“欧洲 2020 战略”，欧盟把智慧城市建设始终放在首要位置。英国的智慧城市建设除了打造“数字之都”外，其他城市也在有序开展智慧城市建设，伦敦的贝丁顿社区就是英国最大的低碳可持续发展社区。日本和韩国则是充分利用技术创新的巨大推动力，通过智慧城市建设提升城市信息化程度，提高城市的智能化程度，改善城市目前的交通、医疗、生态环境等状况。此外，新加坡作为一个典型的资源匮乏型小国，很早就意识到信息通信的力量。近 30 年来，新加坡政府不断地修订国家信息化战略蓝图，使之与最新的信息通信科技接轨，造福民众和企业，其“智慧国 2015”计划也初见成效。

王晗(2013)总结了国外发达国家智慧城市的建设特点：一方面，这些城市均是以强大的经济发展条件为基础；另一方面，各城市又结合自身基础和发展需求，在战略定位和要素建设上有所差异。体现在战略层面上，由于信息通信技术和宽带网络的发展对城市互联互通、虚拟平台建设、电子政务服务等的平台作用，各个国家基本上都把“宽带技术”的提高作为发展和建设智慧城市的基本目标。体现在经济活动层面上，2011 年欧盟和美国的 GDP 总和几乎占到世界 GDP 总和的一半，其他国家 GDP 在智慧城市的建设过程中也有较大幅度的提升，这对于政府以及公众接受并发展智慧城市建设都有很好的推动作用。体现在社会活动层面上，美国把智慧城市的建设重心放在智能社区“数字化”的建设上，通过宽带网络把整个资源都连接起来，为市民提供方便；而欧盟、新加坡则是把“低碳、经济”作为发展的目标，通过应用新型技术，改善生态环境，提高能源利用率，向家庭、企业提供节能方案，节约能耗费用。体现在空间层面上，这几个国家和地区都是把智慧交通建设作为空间建设的首要任务，解决人口增多、交通拥堵带来的种种问题，通过运行各种智能交通系统缓解这些问题，并加强对交通的监控、对实时路况的网上发布，给市民提供便利，同时优化和节约交通时间。王晗(2013)认为，在技术层面上，几乎所有的国家和地区都在进行智慧城市的建设过程中和世界顶尖技术公司合作，或者是和当地知名大学合作，进行技术开发和运用，把高校和企业的技术运用到当地智慧建设中，提高智能化程度，并改善各方面的技术问题，推动经济和社会发展，并依旧把智慧城市建设的重心放在信息通信技术的发展上。

### 2.3.2 国内智慧城市建设特点比较与关键要素分析

表 2-9 对国内典型智慧城市建设的发展战略及基础条件进行了总结分析，从表中可以看出，国内典型智慧城市在发展过程中均制定了较为明晰的战略目标，且均在目标中强调了“信息化”和“基础设施”的建设。与此同时，依据城市自身的经济、社会、空间和技术等基础和条件，各城市的发展战略也有所差异。例如，北京和深圳的战略规划都是“全面建设”，战略涉及城市、企业、家庭生活、政府运行、生态发展等诸多方面；而宁波的战略则是在促进智慧产业集群发展、智慧基础设施完善的同时，建设具有国际港口城市特色的“智慧城市”。

表 2-9 国内典型智慧城市建设的发展战略及基础条件

| 城市 | 战略目标 | 经济基础 | 社会基础 | 空间基础 | 技术基础 |
|---|---|---|---|---|---|
| 北京 | “4＋4”总体发展思路，信息通信技术已经成为继水、电、气、路之后的公共基础设施，把建设世界智慧城市作为发展目标 | 2011 年该市生产总值占全国 GDP 比重为 3.39%；三次产业结构比重为 0.9∶23.4∶75.7 | 处于社会加速转型的新阶段，不同社会群体的价值取向和利益诉求更趋多元 | 全市交通事业实现了跨越式发展，各项交通基础设施建设进展顺利 | 软件、光电显示、生物医药等附加值高的产业领域逐渐成为新的增长点 |
| 上海 | 资源丰富、商务环境规范、城市开放度较高以及世博后续效应释放，为上海未来发展奠定了坚实基础 | 2011 年该市生产总值占全国 GDP 比重为 4.07%；三次产业结构比重为 0.65∶41.47∶57.88 | 教育资源公平性和均衡性进一步加强；城乡整体医疗服务水平继续提升 | 轨道交通运营里程超过 440 千米，绿化覆盖率达 38% 以上，环境空气质量不断改善 | “云海计划”正在全面实施中，让云计算实现自主可控的关键技术正在全力研发 |
| 广州 | 全面现代信息服务业，加大对先进制造业和现代服务业的支撑作用，实现产业结构转型升级，“让经济变得更有效率” | 2011 年该市生产总值占全国 GDP 比重为 2.61%；三次产业结构比重为 0.5∶38.8∶60.7 | 医疗服务功能显著增强，住房保障体系不断完善，城市应急和食品药品安全工作不断加强 | 建成规模庞大、功能齐备、覆盖全面的城市基础设施体系，成立国际信息通信枢纽 | 产业结构和产业布局加速调整，有利于广州利用国际创新资源，提升自主创新能力 |

续表

| 城市 | 战略目标 | 经济基础 | 社会基础 | 空间基础 | 技术基础 |
|---|---|---|---|---|---|
| 南京 | 到 2015 年，基本建成宽带、泛在、融合、安全的信息化基础设施，实现各领域比较广泛的智慧应用，打造一批智慧产业基地 | 2011 年该市生产总值占全国 GDP 比重为 1.30%；三次产业结构比重为 2.7∶44.9∶52.4 | 卫生服务体系逐渐完善，全民健身工作迈向长效化，新型农村社会养老保险基本实现全面覆盖 | 全市推进公交优先的城市交通系统建设和城市环境整治 | 实施城市光网工程，对海量信息进行高速传输和高效处理，提高无线网络的覆盖率 |
| 深圳 | 从科技、人文、生态三方面打造，并以此作为建设国家创新城市的突破口，充分发挥深圳信息化高和沿海城市的优势，建设智慧城市 | 2011 年该市生产总值占全国 GDP 比重为 2.44%；三次产业结构比重为 0.1∶46.5∶53.4 | 社会保障体系日益健全，社会福利、社会救助和优抚安置三大体系基本建立 | “一横八纵”城市高快速公路网基本形成；油、电、水、气保障能力显著提升 | 在关键产业领域核心技术创新取得突破性进展 |
| 宁波 | 到 2020 年，成为智慧应用水平领先、智慧产业集群发展、智慧基础设施完善、具有国际港口城市特色的“智慧城市” | 2011 年该市生产总值占全国 GDP 比重为 1.27%；三次产业结构比重为 4.2∶55.5∶40.3 | 生态文明建设扎实推进，城乡区域统筹取得极大进展，就业规模持续扩大，服务型体系日趋完善 | 港口综合服务功能不断增强；实施公交优先战略，推进“三横三纵”快速路建设 | 推广 RFID、多维条码、电子商务等信息技术在物流企业、物流产业基地的应用 |
| 武汉 | 构建基于“中国云”和“智慧城市”基础设施及智能处理的基础平台，推进以数字化、网络化、智能化为特征的智慧武汉建设 | 2011 年该市生产总值占全国 GDP 比重为 1.43%；三次产业结构比重为 2.9∶48.2∶48.9 | 科技、教育、文化、体育和卫生等社会事业迅猛发展，公共服务逐步趋向均等化 | 推进全市多种运输方式高效连接，构筑一体化综合交通体系 | 2011 年电子信息产业规模达到 1 305.4 亿元，在中部地区排名第一 |

资料来源：各城市“十二五”规划及《2011 年国民经济和社会发展统计公报》

体现在智慧城市的建设要素上，我国智慧城市的建设体现出以下特点。

(1)战略层面上，建设智慧地球已经上升到我国科技发展的国家层次，建设智慧城市已成为我国大中城市发展的重要趋势。2009 年年初，北京、上海和宁波等十几个城市相继提出了“智慧城市”的建设目标，并出台了一系列相关政策和发展规划。

(2)经济活动层面上，各城市良好的经济发展条件和不断优化的产业结构为智慧城市的建设奠定了基础。例如，北京、上海、广州、深圳是国内经济最发达的四大城市，南京是华东区域中心城市，宁波是我国东南沿海重要的港口，武汉正努力构建成为中部地区的支点城市，各城市生产总值均占全国GDP较大的比重；从产业结构上，尽管各城市三次产业结构的比重稍有差异，但共同之处在于第一、二产业的比重在下降，第三产业的比重在上升，尤其是高科技服务业是第三产业发展中的重中之重，这对其智慧城市的建设与发展起到了关键性的基础作用。

(3)社会活动层面上，王晗(2013)认为，公共社会事业的发展和对社会群体价值取向、利益诉求多元化的均衡为智慧城市的发展提供了保障。例如，广州的教育资源公平性和均衡性进一步加强，城乡整体医疗服务水平继续提升；教育资源公平性和均衡性进一步加强；武汉的卫生服务体系逐渐完善，全民健身工作迈向长效化，新型农村社会养老保险基本实现全面覆盖；等等。

(4)空间层面上，除了宁波将重点放在港口综合服务的建设上以外，其他城市的建设重点都放在交通基础设施的建设以及交通系统网络的覆盖上，便利的交通系统对于节约运输时间、缓解交通拥堵状况等都有关键的影响。

(5)技术层面上，物联网依旧占据着建设中的基础地位，是对其他产业发展的必要支撑，各城市都把信息技术的建设以及物联网的扩展作为技术发展的基础。同时，各城市又进一步针对自身的建设特点，开展各式各样的技术创新，如深圳作为电子产业发展迅速的沿海城市，重心就放在对核心领域的技术创新上；宁波作为港口城市，重心就放在信息技术在物流产业的应用上；等等。

表2-10对国内典型智慧城市建设的举措进行了对比分析。总体而言，各城市均以各自的城市发展战略目标为核心，通过战略、社会、经济、空间和技术层面要素的建设，积极推进信息化在民生、交通、医疗、教育、电子政务等方面的应用，以实现城市的智慧发展。体现在建设举措上，我国智慧城市的发展一方面强调了以经济和产业为驱动的建设模式，通过发展低碳经济，支持实现产业结构的转型升级和可持续经济发展，如广州、南京、宁波等；另一方面则强调了信息基础设施建设在智慧城市建设与发展中的先导作用，利用信息技术发展的平台建设城市的核心产业，并通过推进电子信息化的发展，提高智慧城市发展的质量和效率，如上海、北京等。

**表2-10 国内典型智慧城市建设的主要举措**

| 城市 | 战略层面举措 | 社会活动层面举措 | 经济活动层面举措 | 空间层面举措 | 技术层面举措 |
|---|---|---|---|---|---|
| 北京 | 围绕城市运转、企业运营、生活便捷、政府服务等方面，实现从数字北京向智慧北京的跃升，全面开展智慧城市建设 | 以社保卡、交通卡为基础，打造“市民卡”，实现一卡多用；加快资源循环利用和节能环保服务业的产业发展 | 经济发展高端化格局初步形成，六大高端产业功能区初具规模，首都经济特征进一步显现 | 构建以“一个中心、三个平台、八大系统”为核心的智能交通管理系统体系 | 在全国率先实现向战略性新兴产业的转型升级，形成“创新发展”、“智能发展”和“绿色发展”的发展格局 |

续表

| 城市 | 战略层面举措 | 社会活动层面举措 | 经济活动层面举措 | 空间层面举措 | 技术层面举措 |
|---|---|---|---|---|---|
| 上海 | “三个构建”：构建国际水平的信息基础设施体系；构建便捷高效的信息感知和智能应用体系；构建创新活跃的新一代信息技术产业体系 | 推进文化惠民工程，扩大公共文化场馆免费开放，完善社区文化活动中心功能；加强“四位一体”住房保障体系建设 | 港口货物吞吐量居世界第一，进出口总额、服务贸易进出口总额占全国比重均超过 25%，经济中心城市的集聚辐射功能明显提升 | “十二五”期末，上海将基本完成宽带城市建设；加强轨道建设以及城市环境维护 | 推动信息技术的应用，实施数字教育工程、卫生信息化工程等项目，加强云计算、物联网、TD-LTE、NGN（next generation network，即下一代网络）的建设 |
| 广州 | 建立以服务经济为主体的产业结构，中心城区产业“退二进三”与现代服务业功能区建设同步推进 | 实施“数字环保”工程；通过智能家居、智能水网等示范工程，为广州市民营造智慧的生活环境和生态友好型的人居环境 | 产业结构高级化趋势明显，初步建立以服务经济为主体的产业结构，分工明确、功能互补的产业布局基本形成 | 建立了交通控制与指挥系统、交通管理信息网络，启用了公共交通综合管理系统 | 构建立足广州、服务珠江三角洲（简称珠三角）、面向世界的现代物流信息平台；实施以光纤到户、“天云计划”为代表的信息基础设施建设 |
| 南京 | 跟进新技术，完善智慧的基础设施，实现智慧互联；以开放式的架构，发展智慧的应用 | 建设生态环境，以及全方位、智能化的立体应急防护系统；建立在信息丰富完整、跨服务部门基础之上，面向患者的“智慧医疗”工程 | 以重大工程及项目推动产业升级，全力培育新兴产业，启动实施“千企升级”计划，在全省率先基本形成“三二一”产业格局 | 以云计算、物联网等先进技术应用为重点，推进环境监测、应急联动等方面的项目建设 | 普及并推广信息技术在农村的应用，缩小城乡数字鸿沟；积极推进政务数据中心、市民卡、无线宽带行业专网等项目 |
| 深圳 | 建设以无线宽带移动互联网为主体的“无线城市”网络，提升无线网络的接入带宽，实现无线互联网室外全覆盖 | 建立用户可定制、个性化、一站式的公共信息服务网站；建立居民电子病历，构建城市、社区、医院卫生信息网络平台等 | 经济结构不断优化升级，高新技术产业、现代金融业、现代物流业和文化产业四大支柱产业支撑能力明显增强 | 开展“十二五”智能交通专项规划工作；成立智能电网创新联盟 | 推动科技创新与金融、商业、文化、管理创新有机互动的横向集成创新，打造全球创新成本低、创新收益高的先进城市 |
| 宁波 | 在经济、社会、文化、政治和生态文明五个方面全面开展建设，跻身国际智慧城市行列 | 全面推进面向市民的住房、教育、就业等公共服务智慧应用系统建设；推进面向企业的行政审批等公共服务信息平台建设 | 先进制造业和现代服务业联动发展，自主创新能力明显增强，研究与试验发展经费支出占地区生产总值的比重达到 2.5% | 推进以道路交通监控系统、视频监控系统、动静态交通诱导系统为主要内容的建设 | 建成一批国家级产业基地，形成若干个千亿元产值规模的战略性新兴产业，推广宁波现代物流建设，吸引更多投资 |

续表

| 城市 | 战略层面举措 | 社会活动层面举措 | 经济活动层面举措 | 空间层面举措 | 技术层面举措 |
|---|---|---|---|---|---|
| 武汉 | 全面完善交通和市政设施网络，加快推进以智能化为特征的智慧武汉建设 | 提供智慧政务服务；创建智慧小区，集多元化服务、物业管理、安防、住宅智能化系统于一体，实现动态交互、在线监控等 | 综合经济实力提档进位，进入全国副省级城市第一方阵，现代产业体系逐步建立，先进制造业、现代服务业协同发展 | 实施监控和交通诱导，提供实时交通流量信息和出行建议，为市场提供点到点服务 | 实施“走出去”战略，引导武汉市有实力的企业发挥优势，积极开展境外投资、工程承包等业务 |

资料来源：各城市“十二五”规划

此外，由于各城市战略目标定位及资源禀赋的差异，各个城市的建设与发展举措也存在差异性。例如，在战略层面的举措上，上海是利用世博后续效应把世博会中应用的高新技术运用于上海市智慧项目的建设中；广州则是依靠信息服务业来加快产业结构升级，使第三产业作为城市发展的重心；其他几个城市则强调信息通信技术的建设，提升无线网络的覆盖率。在技术层面的举措上，深圳主要是发展创新产业，并通过创新推动金融、文化等的发展；武汉则是和高科技企业合作，共同开发应用新技术；北京、上海则重点放在信息技术的应用上，加强云计算、物联网的建设。上述城市战略目标与经济活动、社会活动、技术和空间四大体系要素的匹配关系，也进一步验证了智慧城市关键要素在其建设与发展中的耦合作用。

### 2.3.3 国内外智慧城市建设的模式总结

智慧城市是把城市里分散的、各自为政的信息化系统和物联网系统进行整合，提升为一个具有良好协同和调控能力的有机整体，是传统意义上的城市信息化以及数字城市的飞跃和升华，被赋予了新的内涵。

从基本内涵来看，智慧城市是知识经济进一步发展和新一轮信息技术变革的新产物，是以互联网、物联网、广电网、电信网以及无线宽带网等网络的多样化组合为基础，广泛且深入地推进基础性、应用型的信息系统开发建设以及各类信息资源开发的利用工作，逐步形成技术基础、综合应用、网络化、信息化和现代化的城市，开启以智慧技术、智慧产业、智慧服务、智慧人文、智慧管理和智慧生活为城市发展的重要内容的新模式。简而言之，智慧城市就是通过监测、整合、分析和智慧响应的方式，充分利用信息化相关的技术，综合各个职能部门的功能，对现有资源进行整合优化，从而提供更好的服务、绿色的生态以及和谐的社会环境，促进城市可持续发展，为社会建立一个优质的工作、生活和休闲的环境。因此，可以形象地说，智慧城市＝智慧＋互联＋协同。

对国内外城市及相关企业构建的智慧城市框架体系的描述，有助于我们从总体上认识和了解当前世界智慧城市发展的现状以及研究的趋势。从前面的描述中可以发现，目前有关智慧城市的研究还处于初期探索阶段，甚至至今还未形成统一且通用的概念。对于智慧城市该如何构建，也尚未达成共识，不同城市及企业均根据自身的情况提出了自己的看法，导致在构建智慧城市的框架体系概述中出现了角度多维化、方向多样化和重点差异化的特点。目前，这些研究框架体系孰优孰劣尚未明确，只不过是各有侧重。下面，我们分别从发展模式、功能以及重点领域等角度梳理智慧城市相关理论与实践，并做一些总体性的对比与评价。

1. 发展模式角度

基于每个城市对于智慧城市发展的不同关注点，其发展模式可分成基础设施导向型、产业导向型、应用功能导向型三大类，见图 2-8。以迪比克、南京为代表的城市选择的是基础导向型发展模式，以新加坡、宁波为代表的城市则是选择产业导向型发展模式，而横滨、北京等城市则是选择应用导向型发展模式。发展模式的不同导致各城市构建的智慧城市框架体系也有所不同，如宁波将智能技术与智能应用并列放到同一框架内，而北京则从应用角度构建智能城市框架体系。

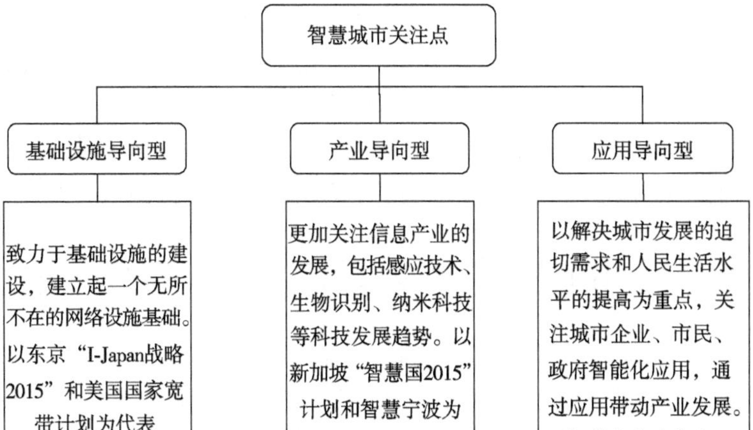


图 2-8　智慧城市发展模式

资料来源：童腾飞．迈向智能城市信息化的新形态，2011

2. 功能角度

从功能的角度上看，各城市及企业均以服务作为其智慧城市的功能定位。关于功能的具体划分问题，各有侧重，如美国及欧盟等国家(地区)更关注节约能源和保护生态的功能方面，相比之下，国内的智慧城市框架体系的构建更侧重智能化以及民生生活取向的功能方面。不同的功能需求导致国内外城市在构建智慧城市框架体系时呈现出专业化分工的特征，也即专注于构建某一个功能领域，如斯德哥尔摩构建智慧城市基本是围绕智慧交通体系展开的。国内一些城市在构建智慧城市体系时则更关注技术与民生，属于管理服务型，但是在具体的措施方面相比一些国外的城市不够深入和具体。

3. 重点领域角度

各智慧城市框架体系根据其发展模式及功能的不同，在重点领域角度上也呈现出很大的差异。例如，由于 IBM 公司提出的是全球通用化的智慧城市框架体系，对智慧城市的框架体系的构建则仍停留在比较初级的阶段，这种体系的划分相对来说还较粗泛，还未能形成规范化的理念(主要体现为各框架体系的命名是非正式化的)，而且未能将智慧的产业列入智慧城市重点领域。而华为公司提出的智慧城市框架比较符合我国特色国情，很好地体现了我国当前国内城市重点领域的发展方向。但由于是一个通信设备制造企业，华为的智慧城市体系更多的是从技术角度构建一个相对完整的架构体系，仍然停留在"数字化"阶段，难以满足当今城市发展对于"智慧＋互联＋协同"的现实需要。

此外，不同城市因其特点不同，在智慧城市框架中所关注的重点也不同。有些城市的关注点在微观层面，如迪比克、横滨等国外城市把智慧交通、智慧能源等作为发展的着力点；而有的城市的关注点在宏观层面，如北京、宁波等选择智慧城市管理、智慧产业和智慧民生等作为发展的侧重点。这些国内外城市选取的关注点不同主要是为了符合各城市的实际情况，从而能够更好地满足城市的运营发展，部分关注点也体现了政府、企业以及居民在发展智慧城市中的诉求。

## 2.4 国内外智慧城市建设的经验总结与借鉴

1. 推进智慧城市建设需要统一的顶层设计

智慧城市建设是一项系统工程，做好信息化整体规划是做好信息化的前提条件。有关专家认为，如果在推进智慧城市的时候没有统一的顶层设计和技术标准，辛苦多年建设的智慧城市可能会无法延续。在智慧城市顶层设计上，宁波的经验有借鉴意义，如宁波已经成立了智慧城市办公室，协同企业、科研院校、政府一起制定宁波发展智慧城市的"十二五"规划，同时研究制定智慧城市的标准。致公党原中央副主席王钦敏建议，在建设智慧城市之前，建立统一的专家委员会非常有必要，专家委员会可以负责对整个系统的标准把关，确保智慧城市中各行各业、各领域之间实现对接和互联互通。

2. 推进智慧城市建设要突出应用，服务百姓

智慧城市的主体是城市居民，不是技术，更不是物联网、云计算，我们要避免认识的误区，不能认为技术、设备、硬件先进了就可以实现"智慧"。就目前各地方对于智慧城市的建设而言，主要集中在信息通信技术基础设施建设以及相关

行业的信息化平台的构建上，这些应该不是最困难的，而让智慧城市为每个人提供他们所需要的服务，还有很长的路要走。

3. 智慧城市要突出城市信息整合、挖掘和再利用

在智慧城市建设中，把人事、公安、财政、社保等部门数据交换整合，覆盖到企业和社会，数据就变成了“金山银山”。交换整合的数据可以为政府决策提供有力的智慧参考，从而提升政府的行政能力。做好数据基础工作是当务之急，数据如果出错了，决策的“智慧”就会产生问题。

4. 智慧城市建设应分阶段有效推进

智慧城市的框架，需要根据不同时期城市发展战略、技术演进趋势、社会民生需求进行不断调整与优化，不能脱离城市的实际建设智慧城市，变成“纸上谈兵”。同时，推进智慧城市的建设也需要具备继承和扬弃的精神。工信部副部长杨学山认为，智慧城市是城市信息化发展的传承，它的建设需要依靠城市发展积累的信息化基础和资源。

5. 智慧的城市是以更智慧的方式为城市中的人创造更美好的生活

可以想象，如果地方政府能够务实地、持续地、与时俱进地推动智慧城市的发展，考虑到市民和企业的需求，未来的城市将会更智慧、更和谐。

由于智慧城市建设难度大、周期长、资金需求庞大，任何一个环节出问题都会带来极大损失，并给政府带来不良影响。因此，需要统筹规划，渐进发展。在国家层面进行政策指导和顶层设计。目前由于缺乏国家指导和统筹协调，各智慧城市的建设规划存在一定程度的盲目性，使得“信息孤岛”现象频频出现，存在资源浪费、效率低下、城市安全的风险，以及新兴产业、基础设施、城市管理流程等缺乏整合协同与标准规范的现象；同时，现有的城市业务管理系统有很多信息故障和技术屏障，使之不能达成一个无缝、协同的技术形态。智慧城市建设好了，将会充分发挥产业辐射作用，带动整个经济的转型；而如果不能从实际出发，在国家整体规划的大框架下根据当地地理、资金、技术、人才的实际情况量力而为，将会得不偿失。

# 智慧城市建设的指标评价体系研究

本章旨在通过城市信息化、绿色环境、城市公共管理与服务、智慧产业四个不同视角下智慧城市建设的评价指标体系的对比研究，归纳出现有不同评价指标体系的优缺点，并依据我国实际情况、评价体系设计的一般原则和智慧城市评价体系的制定原则，形成检验智慧城市成果的五星结构智慧城市评价模型及一整套评价指标体系，对智慧城市建设成果进行量化计算、科学评测，以期更好地推动智慧城市的建设。

## 3.1 现有指标体系的内容概述

### 3.1.1 城市信息化视角下评价智慧城市

为了能够更好地研究智慧城市的评价指标体系，我们需要建立并分析城市信息化测评的工具和方法，这些都需要以城市信息化测评为基础。

信息化评价的理论方法最早源于日本。20 世纪 60 年代，日本学者小松崎清介基于当时日本社会关于对信息化的理解和当时信息技术的发展状况，提出的“信息化指数”及其算法是最早的信息化测评体系。1970 年以来，在信息化测评方面的研究中，现有信息化评价理论方法继承了不少前人的理论与方法，总的来说，可以分为两个派别：其一是经济学方面，是以信息经济作为计量的对象，以便反映社会信息化水平，该领域中较为著名的人物有美国经济学家马克卢普、波拉特等。其二是以日本的信息化指标为典型代表的“信息化指数”方法，其从社会信息的能力及流量来映射社会的信息化程度，通过综合的社会统计数字从而构建模型进行测度。

1. “指数测评法”

早在 1965 年，日本的电信与经济研究所就建立了一套测评社会信息化水平的方法——“指数测评法”，它是最早提出的信息化测评体系。但鉴于早期的信息化指数法的局限性日渐明显，日本学者在 20 世纪 80 年代又提出了新的信息化指数，特别是添加了各产业信息装备率的一组指标，用以体现在信息化过程中信息技术及信息部门对国民经济各产业的影响。这种方法是从邮电、新闻出版社、电视等媒体行业中挑选出信息主体水平、信息消费系数、信息装备等密切相关的 11 项指标，从而构建用于评价社会信息化水平的体系，具体指标如表 3-1 所示。

**表 3-1　日本的信息化指数评价指标**

| 维度 | 指标 |
|---|---|
| 信息量 | 人均年使用函件数 |
| | 人均年通电话次数 |
| | 每百万人每天报纸发行数 |
| | 每万人书籍销售点数 |
| | 每平方千米人口密度 |
| 信息装备率 | 每百人电话机拥有量 |
| | 每百人电视机拥有量 |
| | 每万人电子计算机拥有量 |
| 通信主体水平 | 第三产业人数的百分比 |
| | 每百人中在校大学生数 |
| 信息数 | 个人消费中除衣、食、住、行外杂费的比例 |

资料来源：袁俊. 日本信息化指数模型研究[J]. 情报杂志，2006，4：112～113，117

2. “波拉特法”

“波拉特法”也就是“经济结构法”，是美国经济学家波拉特 1977 年在《信息经济》上发表的论文中提出的。它是从经济角度考察社会信息化程度，选择信息产业增加值在国民生产总值中所占比率和信息劳动者在总劳动力中所占比率作为信息化水平的具体指标。它主要利用美国劳动统计局和美国经济分析局的数据库，从而计算出三个主要指标：①信息劳动者占总就业人口的比重；②信息产业产值占 GDP 的比重；③信息产业增加值占 GDP 的比重。

以上三项指标一方面可以评估信息经济的作用对 GDP 的贡献，另一方面还可以反映出其对国民经济的促进作用。由于数据整理具有相当难度，因此，测评时也需要相应的统计口径和体系。

波拉特方法的核心是：首先，将信息部门从国民经济的各部门中逐一识别出来；其次，以“产品或服务是否在市场上出售”为标准，将信息部门分为一级信息部门和二级信息部门。

但人们也已认识到波拉特方法存在的一些不足之处。例如，对信息活动、信息职业和信息行业等的划分没有达成共识，测评方法和数据也缺乏合理性，使其结果的可比性受到影响；该方法对统计资料的要求较高，运算也比较繁杂，因此，各国在运用波拉特方法测算本国信息经济规模时需要做一些变通或简化处理。

### 3.1.2 绿色环境视角下评价智慧城市

纵观国外关于智慧城市评价指标体系的研究，以 2007 年维也纳大学提出的欧洲智慧城市评价体系为代表，智慧城市应能在六大领域具有前瞻性的优秀表现，并能以“智慧”的方式汇聚具有自主参与、独立意识的市民的才能与努力。这六大领域包括智慧经济、智慧流动、智慧环境、智慧民众、智慧生活、智慧治理，共有 31 个二级指标、73 个三级指标，具体内容如表 3-2 所示。

表 3-2 欧洲智慧城市评价指标体系

| 维度 | 二级指标 | 三级指标 | 权重/% |
|---|---|---|---|
| 智慧经济 | 创新精神 | GDP 中 R&D(research and development，即研究发展)投入占比 | 17 |
| | | 知识密集型产业员工雇佣比例 | |
| | 创业能力 | 人均专利数 | |
| | | 自我雇佣率 | 17 |
| | 经济形象和商标 | 新企业登记数 | |
| | 生产率 | 作为决策中心的重要度 | 17 |
| | 劳动力市场弹性 | 就业人口人均 GDP | 17 |
| | | 失业率 | 17 |
| | 国际融入性 | 兼职雇佣比例 | |
| | | 国际股市上市公司的总部数量 | 17 |
| | | 航空乘客运输量 | |
| | | 航空货物运输量 | |
| 智慧流动 | 本地网络接入能力 | 人均公共传输网络数 | 25 |
| | | 对公共交通方便性的满意度 | |
| | | 对公共交通质量的满意度 | |
| | 国际网络接入能力 | 国际接入方便性 | 25 |
| | 信息通信技术基础设施普及率 | 家庭拥有计算机数 | 25 |
| | | 宽带互联网入户率 | |
| | 可持续、创新和安全的交通系统 | 绿色出行比例(非机动车个人交通出行方式) | 25 |
| | | 交通安全性 | |
| | | 经济型车辆使用率 | |

续表

| 维度 | 二级指标 | 三级指标 | 权重/% |
|---|---|---|---|
| 智慧环境 | 自然环境吸引力 | 日照小时 | 25 |
| | | 绿化率 | |
| | 污染度 | 夏天烟雾 | 25 |
| | | 特别事件 | |
| | | 人均致命的慢性下呼吸道疾病数 | |
| | 环境保护 | 保护自然的个人举措 | 25 |
| | | 对自然保护的态度 | |
| | 可持续资源管理 | 水的有效使用(每单位 GDP 的使用量) | 25 |
| | | 电的有效使用(每单位 GDP 的使用量) | |
| 智慧民众 | 素质水平 | 作为知识中心的重要性(一流研究中心和大学等) | 14 |
| | | 达到 5～6 级国际标准教育分类法(International Standard Classification of Education，ISCED)人数 | |
| | | 外语水平 | |
| | 终身学习的兴趣 | 居民人均借书率 | 14 |
| | | 参与终身学习人数比例 | |
| | | 参与语言课程人数 | |
| | 社会和民族多元性 | 外国人占比 | 14 |
| | | 国外出生的国人比例 | |
| | 灵活性 | 找到新工作的感知 | 1 |
| | 创造力 | 创意产业中工作人数比例 | 14 |
| | 开放性 | 欧洲选举中投票率 | 14 |
| | | 移民友好型的环境(对移民的态度) | |
| | | 对欧盟的了解 | |
| | 公共生活参与度 | 城市选举投票率 | 14 |
| | | 参加志愿者工作 | |
| 智慧生活 | 文化设施 | 人均看电影次数 | 14 |
| | | 人均参观博物馆次数 | |
| | | 人均看戏剧次数 | |
| | 健康条件 | 人均寿命 | 14 |
| | | 人均病床数 | |
| | | 人均医生数 | |
| | | 对医疗体系质量满意度 | |

续表

| 维度 | 二级指标 | 三级指标 | 权重/% |
|---|---|---|---|
| 智慧生活 | 个人安全 | 犯罪率 | 14 |
| | | 遭袭击死亡率 | |
| | | 对个人安全满意度 | |
| | 居住质量 | 达到最低标准住房比例 | 14 |
| | | 人均生活面积 | |
| | | 对个人住房条件满意度 | |
| | 教育设施 | 人均学生数 | 14 |
| | | 对进入教育系统满意度 | |
| | 旅游吸引力 | 对旅游者位置的重要性 | 14 |
| | | 每年人均过夜数 | |
| | 社会凝聚力 | 对个人贫困风险的感知 | 14 |
| | | 贫困率 | |
| 智慧治理 | 民众参与决策 | 居民城市代表数 | 33 |
| | | 居民的政治活动 | |
| | | 政策对于居民的重要性 | |
| | | 女性城市代表所占份额 | |
| | 公共与社会服务 | 政府采购机构(Public Procurement Service，PPS)中市政人均费用 | 33 |
| | | 进入托儿所的儿童比例 | |
| | | 对学校质量满意度 | |
| | 治理透明性 | 对官僚机构透明性的满意度 | 33 |
| | | 对反腐工作的满意度 | |

注：本表三级指标权重取整数，且由于四舍五入，指标权重加总后可能不是100%

资料来源：Giffinger(2007)

欧洲的智慧城市评价指标体系涵盖了城市的方方面面，较为详尽。但是，王静(2013)认为这一体系没有结合我国现有国情，并不适合我国智慧城市的评价。并且这一指标体系中软指标比例过大，我国国土面积广大，城市规模也相对较大，软指标的量化一般需要调查问卷或者专家评分，这种方式很难客观直接地反映我国城市的智慧化进程，所以可以进行量化的硬性指标更适用于中国智慧城市的评价。因此，智慧城市的评价需要充分吸收新一代信息技术变革成果，根据我国国情来制定。

### 3.1.3 城市公共管理与服务视角下评价智慧城市

上海浦东新区在推进"智慧浦东"建设的过程中，由上海浦东智慧城市发展研究院正式对外发布"智慧城市指标体系1.0"，这是国内首个公开发布的智慧城市指标体系。该指标体系包括基础设施、公共管理和服务、信息服务经济发展、人文科学素养、市民主观感知 5 个维度、19 个二级指标、65 个三级指标，具体内容如表 3-3 所示。

表 3-3　上海浦东智慧城市评价指标体系

| 维度 | 二级指标 | 三级指标 |
| --- | --- | --- |
| 智慧城市基础设施 | 宽带网络覆盖水平 | 家庭光纤可接入率 |
| | | WLAN 覆盖率 |
| | | 主要公共场所 WLAN 覆盖率 |
| | | 下一代广播电视网覆盖率 |
| | 宽带网络接入水平 | 户均网络接入水平 |
| | | 平均 WLAN 接入带宽 |
| | 基础设施投资建设水平 | 基础网络设施投资占社会固定资产总投资比重 |
| | | 传感网络建设水平 |
| 智慧城市公共管理和服务 | 智慧化的政府服务 | 行政审批事项网上办理水平 |
| | | 政府公务行为全程电子监察率 |
| | | 政府非涉密公文网上流转率 |
| | | 企业和政府网络互动率 |
| | | 市民和政府网络互动率 |
| | 智慧化的交通管理 | 市民对交通信息的关注率 |
| | | 公交站牌电子化率 |
| | | 市民交通诱导信息服从率 |
| | | 停车诱导系统覆盖率 |
| | | 城市道路传感终端安装率 |
| | 智慧化的医疗体系 | 市民电子健康档案建档率 |
| | | 电子病历使用率 |
| | | 医院间资源和信息共享率 |
| | 智慧化的环保网络 | 环境质量自动化监测比例 |
| | | 重点污染源及监控水平 |
| | | 碳排放指标 |
| | 智慧化的能源管理 | 家庭智能表具安装率 |
| | | 企业智能化能源管理比例 |
| | | 道路路灯智能化管理比例 |
| | | 新能源汽车比例 |
| | | 建筑物数字化节能比例 |
| | 智慧化的城市安全 | 食品药品追溯系统覆盖率 |
| | | 自然灾害预警发布率 |
| | | 重大突发事件应急系统建设率 |
| | | 城市网格化管理的覆盖率 |
| | | 危化品运输监控水平 |
| | | 户籍人口及常住人口信息跟踪 |

续表

| 维度 | 二级指标 | 三级指标 |
| --- | --- | --- |
| 智慧城市公共管理和服务 | 智慧化的教育体系 | 城市教育支出水平 |
| | | 家校信息化互动率 |
| | | 网络教学比例 |
| | 智慧化的社区管理 | 社区信息服务系统覆盖率 |
| | | 社区服务信息推送率 |
| | | 社区老人信息化监护服务覆盖率 |
| | | 居民小区安全监控传感器安装率 |
| 智慧城市信息服务经济发展 | 产业发展水平 | 信息服务业增加值占地区生产总值比重 |
| | | 电子商务交易额占商品销售总额的比重 |
| | | 信息服务业从业人员占社会从业人员总数的比例 |
| | 企业信息化运营水平 | 工业化和信息化融合指数 |
| | | 企业网站建站率 |
| | | 企业电子商务行为率 |
| | | 企业信息化系统使用率 |
| 智慧城市人文科学素养 | 市民收入水平 | 人均可支配收入 |
| | 市民文化科学素养 | 大专及以上学历占总人口比重 |
| | | 城市公众科学素养达标率 |
| | 市民信息化宣传培训水平 | 每年相关宣传培训人员占总人口比例 |
| | 市民生活网络化水平 | 市民上网率 |
| | | 移动互联网使用比例 |
| | | 家庭网购比例 |
| 智慧城市市民主观感知 | 生活的便捷性 | 网络资费满意度 |
| | | 交通信息获取便捷度 |
| | | 城市就医方便程度 |
| | | 政府服务的便捷程度 |
| | | 获取教育资源的便捷程度 |
| | 生活的安全性 | 食品药品安全满意度 |
| | | 环境安全满意度 |
| | | 交通安全满意度 |
| | | 防控犯罪满意度 |

在65个指标中，15项为核心指标，50项为一般指标，如光纤接入覆盖率是否达到99%、电子教学的平均用时是否达到0.5小时等，将成为判定城市是否“智慧化”的核心指标。此外，食品药品追溯系统覆盖率达到90%以上、城市应急事件预警系统100%覆盖城市区域、环境污染事件平均反应和处理时间在1小时内等指标也将列入判断标准，从“智慧化”的角度使城市居民生活得到安全保障。一旦某座城市两项指标达标率均超过80%，就将进入“初级智慧城市”的行

列；而如果某座城市的核心指标能实现 100%达标，一般指标达标率也超过 90%，就将成为“成熟智慧城市”。

浦东“智慧城市指标体系 1.0”是国内首个公开发布的中国版的智慧城市指标体系，关注民生是该指标体系的一大特色。指标体系中有两个维度和市民生活感知密切相关，充分考虑了百姓衣、食、住、行的实际需求和生活的幸福感。但从另一个角度分析，幸福感带有强烈的主观色彩，每个市民对于幸福感的感知和要求不一样，也就导致指标的判断存在偏差，很难对生活的幸福感划定统一的标准，使评价体系有失客观。

### 3.1.4　智慧产业视角下评价智慧城市

宁波市智慧城市规划标准发展研究院联合咨询机构以及浙江大学等著名高校的研究团队共同探讨、起拟了“智慧城市发展评价指标体系”。整个指标体系由 6 个一级指标，分别是智慧基础设施、智慧治理、智慧民生、智慧产业、智慧人群和智慧环境，以及 17 个二级指标、39 个三级指标构成，评估要点达 119 项，具体内容如表 3-4 所示。

**表 3-4　宁波智慧城市评价指标体系**

| 一级指标 | 二级指标 | 三级指标 |
|---|---|---|
| 智慧基础设施 | 信息网络设施 | 宽带网络 |
| | | 三网融合 |
| | 信息共享基础设施 | 公共云计算中心 |
| | | 信息安全服务 |
| | | 政务云 |
| | 城市基础设施 | 重点领域信息化转型 |
| 智慧治理 | 智慧政务 | 决策能力 |
| | | 政务服务及透明度 |
| | | 业务协同水平 |
| | 智慧公共管理 | 智慧交通 |
| | | 智慧城管 |
| | | 智慧管网 |
| | | 智慧安防 |
| | | 智慧食品药品管理 |
| | | 公众与社会参与度 |

续表

| 一级指标 | 二级指标 | 三级指标 |
|---|---|---|
| 智慧民生 | 智慧社会保障 | 社保体系建设水平 |
| | | 社保信息化服务水平 |
| | 智慧健康保障 | 健康保障信息化服务水平 |
| | 智慧教育文化 | 教育文化信息化服务水平 |
| | 智慧社区服务 | 社区信息化服务水平 |
| 智慧产业 | 投入产出比 | 万元 GDP 资源消耗率 |
| | “两化”融合 | “两化”融合环境 |
| | | “两化”融合水平 |
| | | “两化”融合效益 |
| 智慧人群 | 信息利用能力 | 信息产品的应用 |
| | | 信息资源的利用 |
| | 创新能力 | 创新环境 |
| | | 知识创新能力 |
| | 人才质量 | 高等教育状况 |
| | | 高级人才情况 |
| | | 人才引进情况 |
| 智慧环境 | 生态保护 | 环境建设水平 |
| | | 环保信息化水平 |
| | 资源利用 | 资源节约水平 |
| | | 资源智能化应用 |
| | 软环境建设 | 组织体系 |
| | | 规划政策 |
| | | 法规标准 |
| | | 城市品牌 |

宁波智慧城市评价体系从六大方面深入、详尽地描述智慧城市的各个细节，相比国外的评价体系，该指标体系更符合中国国情。不足之处是该评价体系过于详尽，具体评估要点高达 119 项，且一些指标之间存在关联、重复，一方面，数据的可获取程度不能保证，给智慧城市的打分和评价带来了繁重的工作量；另一方面，指标之间的覆盖和交叉影响评价结果的正确性，因而不利于操作和实施。

总的来说，已有的评价体系虽然有一定的借鉴作用，但是国内外关于智慧城市的评价指标体系研究还没得到长足发展，尚处于探索阶段。同时也存在着很多缺点，如不够系统全面、信息采集难、主观成分多、阶段性特点体现不够等，需要进一步验证其导向作用并加以完善。

### 3.1.5　现有智慧城市指标体系的比较分析

各组织机构、政府、高校研究机构等也积极开展智慧城市评价体系的研究，现阶段已有的智慧城市指标评价体系中，前文列举的比较权威，现就智慧城市建设的主要内容对不同指标体系涉及的方面进行比较分析，如表 3-5 所示。

表 3-5　智慧城市相关评价体系对比

| 智慧城市建设内容 | 评价体系比较 | | | | |
|---|---|---|---|---|---|
| | 欧洲 | IBM 公司 | 上海 | 南京 | 宁波 |
| 智慧政务 | ● | ◆ | ■ | ▲ | ★ |
| 智慧交通 | | ◆ | ■ | | ★ |
| 智慧医疗 | ● | | ■ | | |
| 智慧社区 | | | ■ | | |
| 智慧产业 | ● | ◆ | ■ | ▲ | ★ |
| 社会保障 | | | | | ★ |
| 通信支撑 | ● | ◆ | ■ | ▲ | ★ |
| 绿色环保 | ● | | ■ | | ★ |
| 城市安全 | ● | | ■ | | |
| 教育 | ● | | ■ | | ★ |
| 创新精神 | ● | | | | ★ |
| 对外开放度 | ● | | | | |
| 供水 | | ◆ | | | |
| 能源 | | ◆ | ■ | | ★ |
| 劳动力市场弹性 | ● | | | | |
| 市民生活水平 | | | ■ | ▲ | |
| 市民文化素养 | ● | ◆ | ■ | ▲ | ★ |
| 总指标数 | 76 | 未定 | 65 | 23 | 119 |
| 定性指标数 | 21 | 未定 | 19 | 5 | 未知 |
| 定量指标数 | 55 | 未定 | 46 | 18 | 未知 |
| 评价方法 | 打分权重 | 城市依据各自特点制定 | 划分等级 | | |

通过以上对现有指标体系的比较分析，我们可以得到以下结论。

(1)国外城市由于发展水平、国情、国民素质等情况存在较大差异，对智慧城市的评价和关注点并不适合我国的智慧城市评价。欧洲城市现代化水平高，信息化基础好，智慧城市评价体系注重环境、劳动力市场弹性、创新精神以及对外开放度等方面的考核，并且指标体系中定性指标占了较大比例，这对数据采集的全面性和准确性提出很高要求，评价结果的客观程度受到限制，因此不适合我国智慧城市的评价。

(2)IBM公司是最早推动智慧地球、智慧城市的企业，它们对智慧城市的愿景和理念有先进的构想，但是由于IBM公司是在全球推动智慧城市的建设，其发表的《智慧城市白皮书》也只是大致描述智慧城市未来的愿景和概念，对具体城市的评价并未给出可行的评价标准，因此不具有操作性。

(3)我国已有的指标体系中，上海和宁波是较早提出智慧城市评价体系的城市，其指标体系覆盖了智慧城市的大多数方面，但是建立一套"智慧城市"评价指标体系具有多方面的不确定性，并且可能存在缺乏数据、缺乏经验和方法等问题。上海和宁波的智慧城市指标体系设计海量数据，并且目前没有权威机构对数据进行统计，缺乏一致的信息化统计口径，数据的准确性和全面性得不到保证。

根据以上分析，目前我国虽已存在关于智慧城市建设成效的评价体系出台，据此根据我国国情以及智慧城市的内涵和关键要素，提出五星结构智慧城市评价体系。

## 3.2 五星结构智慧城市指标体系的建立

### 3.2.1 智慧城市评价体系设计原则

1. 评价体系设计的一般原则

1)科学性和可行性原则

要谨慎处理指标体系的科学性与数据获得的可行性之间的关系，两者之间往往存在着矛盾。指标体系的科学性主要指指标体系的全面性、系统性以及指标选择的合理性、准确性(胡文华，2007)。在综合评价实践活动中，很难同时实现其科学性和可行性。那么，为了同时实现其科学性和可行性，一般是先尽最大可能搜集相关数据，在此基础上寻找相关的办法以满足指标体系科学性的要求。

评价体系的设计是否符合科学性的原则，对评价工作的质量以及城市智能化的真实水平的反映有很重要的影响。原因主要是智慧城市的建设涉及基础设施、文化、经济等各方面，所以要同时满足科学性和可行性，这样才能反映城市不同阶段的特点和质量水平。

2)先进性和导向性原则

先进性符合事物的演进规律，只有符合先进性，智慧城市的建设和发展才符合城市发展的趋势和方向。也只有具备先进性，才能对人类的生存和发展具有积极的指导意义。在设计评价指标体系时所选用的指标一定要能够体现城市发展的先进方向。

符合了先进性，就可以再考察其导向性。导向性是指指标体系的设置对实践有重要的导向作用。为了更符合智慧城市的理念，智慧城市的评价指标体系就可以从改善城市信息化环境、推动智能技术的应用、挖掘城市的创新能力等方面引导智慧城市的建设。

2. 智慧城市评价体系的制定原则

1)统计指标和调研指标相结合，力求准确全面

智慧城市评价指标的选定采用统计指标和调研指标相结合的方式，以统计指标为主，是为了保证数据资料的可信度和准确性，降低人为因素造成的偏误；辅以问卷调查等方式，补充统计资料的不足，保证评价指标的全面性。

2)通用指标与特色指标相结合，力求体现特色

智慧城市评价指标采用通用指标与特色指标相结合的方式，锁定80%为通用指标，作为评量智慧城市的共同基准，保证评价的公平性；特色指标占20%，由各城市阐述智慧化发展与建设特点，通过专家对所述特色进行审定与评分，挖掘可供借鉴与推广的亮点案例，升华评价意义。

3)能力指标和满意度指标相结合，力求兼顾各方

智慧城市评价指标的制定综合考虑了供给方与需求方观点，既衡量城市应用与服务供给能力，又引入民众、企业对城市服务和基础环境的应用程度及满意度，注重效率。此外，为了体现城市提升竞争力的潜力与持续性，指标制定中应兼顾对创新、资源、环境等可持续发展的衡量。

### 3.2.2　五星结构智慧城市评价模型

建设智慧城市是一个长期的系统工程，从智慧城市发展战略目标的制定，到具体的详细目标分解，再到评价体系的建立。因此，智慧城市评价体系首先需要客观地评价智慧城市发展战略的正确性，客观地评价智慧城市发展的效果。其次，该客观的评价结果可以作为智慧城市发展战略调整方案的输入，在具体的评价中，可以根据城市智慧化程度的评价结果，调整城市发展战略的执行和具体步骤。这个评价体系表面上看可能更加注重城市智慧化后价值的衡量和比较，实际上还存在一个价值引导的作用，通过指标的设置，让政府部门注意到城市发展中存在的问题，并及时进行调整和转变。

许多文献涉及智慧城市时通常描述其工业、教育、参与能力、技术设施以及多样“软因素”等几方面的内容。归纳起来，衡量一个城市是否是智慧城市，就在于考察这个城市的经济、市民、政务、移动网络、环境及生活等城市基本构成要素的智慧化水平。本书在前文提出五星结构的基础上，建立了智慧城市评价的五星模型，如图3-1所示。

智慧城市是充分利用物联网、云计算、光网络、移动互联网等通信和信息技术手段，全面感知、传送、整合和分析人、物、城市功能系统之间的各项关键信息，从而对民生、环保、公共安全、城市服务、商务活动等多种城市需求做出智

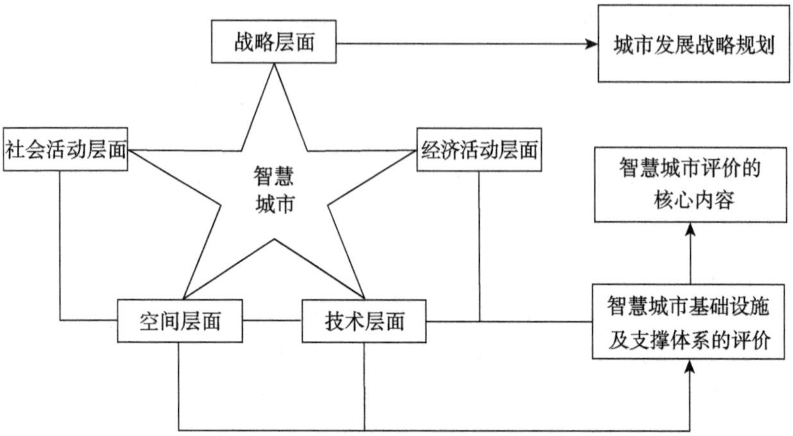


图 3-1　五星结构智慧城市评价模型

能响应，构建城市发展智慧环境，形成高效、便捷、安全、绿色的城市形态。五星结构评价模型的顶层是战略层面，分析和描述城市发展战略规划内容，判断智慧城市建设在城市发展中的战略地位。战略层面的下面是智慧城市的社会活动和经济活动层面，这部分是智慧城市评价的核心内容，评估城市的信息化水平及相关产业的发展情况，同时也反映了城市居民的生活水平及生活的便捷智慧程度。空间和技术层面指标的设定是对城市的基础设施，以及智慧城市建设的支撑体系进行评价。

### 3.2.3　五星结构智慧城市评价指标体系

参照美国、欧盟、日本、新加坡等发达国家和地区的智慧城市实践经验，并结合中国大陆实际情况，遵循科学性、综合性、可行性、先进性、导向性的原则，对智慧城市建设成果进行量化计算、科学评测，形成检验智慧城市成果的一整套评价指标体系。

该评价指标体系基于五星结构，从战略层面、社会活动层面、经济活动层面、空间层面和技术层面五个维度对城市的智慧化程度进行总体评价，其中，战略层面从城市的发展战略定位和对建设智慧城市的重视力度等方面进行综合定性描述，其余四个一级指标则通过具体的数据来定量反映城市的智慧城市建设水平。本评价体系共设置 5 个一级指标(其中战略指标为定性指标)、20 个二级指标、39 个三级指标，涉及城市化水平、信息化水平、综合竞争力、信息网络基础设施发展水平、绿色低碳、科技创新等方面因素，还包括城市交通智慧化程度、环保举措以及城市安全、市民文化科学素养等软件条件，从中国现实国情出发，考虑评价体系的可行性及指标数据的可获取性，力争更准确地衡量和反映智慧城市建设的主要进度和发展水平，为进一步提升城市竞争力、促进经济社会转型发展提供有益参考。根据前文所述原则以及现阶段智慧城市建设的主要内容，智慧城市评价指标体系如表 3-7 所示。

**表 3-7　智慧城市评价指标体系**

| 一级指标 | 二级指标 | 三级指标 | 单位 |
|---|---|---|---|
| 社会活动层面 | 劳动力市场成熟度 | 社会从业人员总数 | 万人 |
| | 城市化水平 | 城镇人口占总人口比例 | % |
| | 市民生活水平 | 人均可支配收入(人民币) | 元 |
| | | 恩格尔系数 | |
| | 市民科学文化素养 | 大专及以上学历人口占总人口比重 | % |
| | | 市民上网率 | % |
| | 市民生活网络化水平 | 移动互联网使用比例 | % |
| | | 地方财政支出/地方财政收入 | % |
| | 智慧化的政府服务 | 政府非涉密公文网上公开率 | % |
| | | 市民平均门诊所需时间 | 小时 |
| | 智慧化的医疗体系 | 每万人口卫生机构床数 | 张 |
| | | 每万人口卫生技术人员数 | 人 |
| 经济活动层面 | 地区经济发展水平 | 人均 GDP | 元 |
| | 工业化水平 | 第二、三产业增加值占 GDP 比重 | % |
| | 地方市场规模 | 城镇人均消费支出 | 元 |
| | | 外贸进出口总额 | 万美元 |
| | 社会投资 | 全社会固定资产投资额 | 万元 |
| | 产业发展水平 | 智慧产业增加值占 GDP 比重 | % |
| | | 智慧产业投资额占社会总投资比重 | % |
| | | 智慧产业从业人员占社会总从业人员比重 | % |
| | 产业可持续发展能力 | R&D 经费支出占 GDP 比重 | % |
| | | 每万人每年发明专利申请量 | 件/万人 |
| | | 万元 GDP 能耗(吨标准煤) | 吨 |
| 空间层面 | 智慧化的交通管理 | 市民出行乘公共交通的比例 | % |
| | | 交通事故及障碍平均反应和处理时间 | 小时 |
| | | 公交站牌电子化率 | % |
| | 智慧化的社区管理 | 居民小区安全监控传感器安装率 | % |
| | | 社区信息服务系统覆盖率 | % |
| | 智慧化的城市安全 | 食品药品追溯系统覆盖率 | % |
| | | 城市应急事件预警能力(覆盖率) | % |
| | | 自然灾害预警发布率 | % |

续表

| 一级指标 | 二级指标 | 三级指标 | 单位 |
|---|---|---|---|
| 技术层面 | 城市信息化水平 | 信息化水平总指数 | |
| | 网络覆盖水平 | 光纤接入覆盖率 | % |
| | | WLAN 覆盖率 | % |
| | | 移动电话普及率(部/百人) | % |
| | | 下一代广播电视网覆盖率 | % |
| | 宽带网络接入水平 | 户均网络接入带宽速度 | 兆/秒 |
| | | 平均 WLAN 接入带宽速度 | 兆/秒 |
| | 网络基础设施建设 | 基础网络设施投资占社会固定资产投资比重 | % |

1. 社会活动层面

城市的市民生活和公共管理服务是智慧城市建设的核心领域，主要包括劳动力市场成熟度、城市化水平、市民生活水平、市民科学文化素养、市民生活网络化水平、智慧化的政府服务和智慧化的医疗体系，是对城市居民综合素质的衡量，也是其生活智慧、方便、快捷程度和幸福感的直接反映，智慧城市社会活动层面指标如表 3-8 所示。

**表 3-8 智慧城市社会活动层面指标**

| 二级指标 | 三级指标 | 单位 |
|---|---|---|
| 劳动力市场成熟度 | 社会从业人员总数 | 万人 |
| 城市化水平 | 城镇人口占总人口比例 | % |
| 市民生活水平 | 人均可支配收入(人民币) | 元 |
| | 恩格尔系数 | |
| 市民科学文化素养 | 大专及以上学历人口占总人口比重 | % |
| 市民生活网络化水平 | 市民上网率 | % |
| | 移动互联网使用比例 | % |
| 智慧化的政府服务 | 地方财政支出/地方财政收入 | % |
| | 政府非涉密公文网上公开率 | % |
| 智慧化的医疗体系 | 市民平均门诊所需时间 | 小时 |
| | 每万人口卫生机构床数 | 张 |
| | 每万人口卫生技术人员数 | 人 |

1)劳动力市场成熟度

劳动力市场成熟度反映了一座城市创造就业机会的能力以及劳动力的供需关系。智慧城市的前提是满足基本要素的高效配置，劳动力和人才是一个社会发展和进步的基本要素和核心动力，因此，我们采用“社会从业人员总数”来衡量城市劳动力市场的成熟度。

2)城市化水平

城市化水平是衡量一个国家或地区城市化最主要的指标，由城镇人口占总人口比例来表示。目前中国正处于城市化发展的重要阶段和加速时期，很多城市和地区发展并不均衡，存在城中村或者城市化发展不完全的现象。本指标结合现阶段国情，从城镇人口占总人口比重的角度来衡量城市化水平。

3)市民生活水平

本指标包含人均可支配收入和恩格尔系数 2 个三级指标。构建"智慧城市"的目的不仅在于推进城市 GDP 总量的增长，更在于提高人民群众的生活水平，因此，我们将人均可支配收入选作"智慧城市"的评价指标之一，主要衡量市民收入水平及富裕程度，智慧城市的人均可支配收入应达到或超过中等以上发展国家水平(50 000 元人民币)。恩格尔系数是食品支出总额占个人消费支出总额的比重，是表示生活水平高低的一个指标。联合国根据恩格尔系数的大小，确定了一个对世界各国生活水平的划分标准，即一个国家平均家庭恩格尔系数在 20%以下为极其富裕；在 20%～30%为富裕；在 30%～40%为相对富裕；在 40%～50%为小康；在 50%～60%为温饱；大于 60%为贫穷。智慧城市的恩格尔系数应小于等于 30%。

4)市民科学文化素养

本指标包含 1 个三级指标，即大专及以上学历人口占总人口比重。创新驱动型经济以信息革命和经济全球化为背景，以知识和人才为依托。提高城市市民的素质，造就创新城市建设和管理人才是"智慧城市"的灵魂。人才是发展智慧产业、构建"智慧城市"的决定性因素，因此，市民文化素养也是智慧城市的衡量指标之一。

5)市民生活网络化水平

本指标包含 2 个三级指标，分别是市民上网率、移动互联网使用比例，反映了市民通过各种智慧化的应用系统、技术和产品，实现智慧化的生活，体现市民智慧化的生活理念和方式。市民上网率和移动互联网使用比例是指使用互联网和通过各类移动终端使用移动互联网的市民在总人口中所占的比例。

6)智慧化的政府服务

以电子政务为代表的"智慧政务"将以信息化手段进一步提高政府工作效率，通过政府公共服务平台，将"公告栏"式的政府网站，变成"服务型"的业务网站，树立服务型政府为民办事的形象，为市民提供各种咨询信息和服务，提高市民的生活质量和满意度，提高各级政府公共服务能力，创建平安和谐的社会环境。本评价体系采用地方财政支出/地方财政收入、政府非涉密公文网上公开率 2 个三级指标来反映政府服务的智慧化程度。地方财政支出/地方财政收入反映了政府行政职能的效果，政府非涉密公文网上公开率则反映了政府办公的公开透明度以及效率的高低。

7)智慧化的医疗体系

智慧医疗通过建设基于健康档案的区域卫生信息平台，以居民电子健康档案为核心，有效整合全市的医疗卫生信息资源，通过在全市统一建设电子病历系统，提升城市医疗卫生资源的共享、医疗协同和公共卫生服务的整体水平。本指标中"市民平均门诊所需时间"是指市民每次到医院门诊(从挂号到门诊结束)所需的平均时间；"每万人口卫生机构床数"和"每万人口卫生技术人员数"2个指标表征市民可享受到的医疗服务质量，用来反映市民可切实享受到的具有便捷性、准确性的医疗卫生服务。

2. 经济活动层面

强大的经济实力一方面为智慧城市建设的资金投入提供保障；另一方面，智慧城市的建设又催生和推动相关产业经济的发展。因此，经济活动层面指标衡量了地区经济发展水平和智慧产业的发展情况评价了城市的智慧化程度和潜力。智慧城市经济活动层面指标如表3-9所示。

**表3-9 智慧城市经济活动层面指标**

| 二级指标 | 三级指标 | 单位 |
|---|---|---|
| 地区经济发展水平 | 人均GDP | 元 |
| 工业化水平 | 第二、三产业增加值占GDP比重 | % |
| 地方市场规模 | 城镇人均消费支出 | 元 |
| | 外贸进出口总额 | 万美元 |
| 社会投资 | 全社会固定资产投资额 | 万元 |
| 产业发展水平 | 智慧产业增加值占GDP比重 | % |
| | 智慧产业投资额占社会总投资比重 | % |
| | 智慧产业从业人员占社会总从业人员比重 | % |
| 产业可持续发展能力 | R&D经费支出占GDP比重 | % |
| | 每万人每年发明专利申请量 | 件/万人 |
| | 万元GDP能耗(吨标准煤) | 吨 |

1)地区经济发展水平

GDP总量指标反映经济整体规模和水平，而人均GDP指标则是衡量经济发展质量的标杆之一。在国际上，人均GDP通常被用来划分经济发展阶段及发展水平。目前，社会已处于"后工业化"阶段，在此阶段加快城市转型，增强创新能力，实现城市新跨越已是发展的必然要求。因此，从实际出发，结合自身优势，大力发展智慧产业，构建"智慧城市"成为一个城市新时期发展的必然选择。同时，"智慧城市"的构建目的不仅在于推进城市生产总值的增长，更在于提高人民群众的生产生活水平。因此，我们将人均GDP选作"智慧城市"的评价指标之一。

2)工业化水平

工业化是利用机械化手段，以物质资料为原料，以资本和劳动为生产要素，进行大规模的物质产品的生产和消费，推动人类社会从农业社会迈向工业社会，实现以机器大生产为特征的工业部门在GDP中所占比重不断上升的发展过程。学术界对于工业化的定义是"国民收入(或地区收入)中制造业活动和第三产业所占的比例提高，制造业和第三产业的就业劳动人口也有增加的趋势"，因此，我们采用第二、三产业增加值占GDP比重来衡量城市工业化水平。

3)地方市场规模

市场规模反映了地方市场产品供应和消费情况，是表征城市经济水平和潜力的重要指标。本指标采用"城镇人均消费支出"和"外贸进出口总额"2个三级指标来衡量地方市场规模和国际市场规模。

4)社会投资

投资是拉动经济增长的主要动力，智慧城市是新的城市形态，对于基础设施、智慧产业等方面的投资需求较大，无论是新兴的智慧产业还是对以往传统产业的智慧化改造，都需要全社会的大力支持与投资。该指标主要用于衡量全社会对于固定资产的投资情况，采用"全社会固定资产投资额"来表示。

5)产业发展水平

本指标包含"智慧产业增加值占GDP比重"、"智慧产业投资额占社会总投资比重"、"智慧产业从业人员占社会总从业人员比重"3个三级指标，反映智慧产业发展水平及其对城市经济发展的影响。从国外已有的经验来看，智慧城市的建设与发展将催生出"智慧产业"，并带动其迅速发展，以它为纽带，推动整个城市的运转。就"智慧产业"而言，目前尚没有统一的定义，但从现实的统计角度出发，按照《国民经济行业分类》，其包含以下门类：服务业内的电信业、计算机服务业、软件业、科学研究和专业技术服务业、科技交流和推广服务业，以及互联网信息服务、咨询和调查服务、知识产权服务、会议及展览服务业；制造业内的通信设备、计算机及其他电子设备制造业等。"智慧产业"既不同于信息产业，也不同于知识产业，它不仅能够形成巨大的虚拟空间，放大城市的无形规模，而且能够对虚拟网络空间进行统筹综合开发和利用。

6)产业可持续发展能力

该指标主要衡量智慧产业的自主创新程度和可持续发展能力，包含"R&D经费支出占GDP比重"、"每万人每年发明专利申请量"、"万元GDP能耗(吨标准煤)"3个三级指标。研发经费是保障智慧产业实现不断升级和可持续发展的重要指标，发明专利申请水平则用于衡量智慧产业的创新性和后续发展的潜力，万元GDP能耗用于衡量智慧城市建设和发展的效率。

3. 空间层面

智慧城市的建设理念就是为市民提供一个更方便、快捷和智慧的生活环境，在感官上缩短空间的距离，创建人与人之间更和谐的相处环境，因而本部分从“智慧化的交通管理”、“智慧化的社区管理”和“智慧化的城市安全”三个方面全面衡量城市空间层面的建设，详见表 3-10。

**表 3-10　智慧城市空间层面指标**

| 二级指标 | 三级指标 | 单位 |
|---|---|---|
| 智慧化的交通管理 | 市民出行乘公共交通的比例 | % |
| | 交通事故及障碍平均反应和处理时间 | 小时 |
| | 公交站牌电子化率 | % |
| 智慧化的社区管理 | 居民小区安全监控传感器安装率 | % |
| | 社区信息服务系统覆盖率 | % |
| 智慧化的城市安全 | 食品药品追溯系统覆盖率 | % |
| | 城市应急事件预警能力(覆盖率) | % |
| | 自然灾害预警发布率 | % |

1)智慧化的交通管理

利用现代技术建立一个智慧交通系统，来保障城市道路的畅通和有效运行，构建和谐高效的集约型社会，是现代城市发展的必由之路。城市交通是建设智慧城市的一个极为重要的组成部分，也是衡量城市现代化水平的重要标志。某种意义上讲，没有先进的城市交通系统，就谈不上高品质的城市生活和更高质量的城市经济。随着城市化发展进程的加快，我国的大、中、小城市都面临不同程度的交通问题。通过智慧化的交通管理，有效改善城市车辆的通行效率和交通流畅度，从而优化市民的出行体验，城市交通管理变得更为精细化和智能化。该指标包括 3 项三级指标，分别是“市民出行乘公共交通的比例”、“交通事故及障碍平均反应和处理时间”、“公交站牌电子化率”。

2)智慧化的社区管理

智慧社区就是综合运用 WLAN、物联网技术，建立社区公共数据资源中心，综合开发利用社会各类信息资源，从而实现社区管理及社会服务的智能化，运用科技改变生活，为居民提供便捷高效的服务。该指标包含 2 个三级指标，用“居民小区安全监控传感器安装率”和“社区信息服务系统覆盖率”来反映社区管理的智慧化程度。

3)智慧化的城市安全

城市的安全涉及城市应急联动、食品药品安全、安全生产、消防管理、防空犯罪等领域。近年来，城市安全问题一直是全社会关注的焦点，从自然灾害对城市安全的危害到社会治安案件对城市的影响，从工业灾害对城市造成的损害到地下管线发生问题对城市带来的损失，从各种火灾给城市带来的生命财产损害到交通事故在城市里频繁发生及食品安全等问题对城市居民的日常生活造成的困扰。智慧化的城市安全管理就是要从各方面考虑到这些潜在的不安全因素，并进行有效智能的防范，提升市民的安全感。本指标包括 3 个三级指标，分别是“食品药品追溯系统覆盖率”、“城市应急事件预警能力(覆盖率)”、“自然灾害预警发布率”。

4. 技术层面

技术层面主要指保障智慧城市各项功能通畅、安全、协同运作的相关基础网络设施的建设，如通信光缆、无线基站、有线电视、传感终端等，主要包括 4 个二级指标和 8 个三级指标的测算，如表 3-11 所示。

**表 3-11　智慧城市支撑层面指标**

| 二级指标 | 三级指标 | 单位 |
|---|---|---|
| 城市信息化水平 | 信息化水平总指数 | |
| 网络覆盖水平 | 光纤接入覆盖率 | % |
| | WLAN 覆盖率 | % |
| | 移动电话普及率(部/百人) | % |
| | 下一代广播电视网覆盖率 | % |
| 宽带网络接入水平 | 户均网络接入带宽速度 | 兆/秒 |
| | 平均 WLAN 接入带宽速度 | 兆/秒 |
| 网络基础设施建设 | 基础网络设施投资占社会固定资产投资比重 | % |

1)网络覆盖水平

数字化、智能化、宽带化的城市信息化泛在网络建设是智慧城市建设的基础。网络覆盖水平是指光纤、无线传输、有线电视等各种形式的宽带网络在城市中的覆盖比例，该指标反映了城市基础网络设施发展水平，也是衡量城市运行效率、信息化程度以及竞争水平的重要标志。该指标包括 4 个三级指标，分别是“光纤接入覆盖率”、“WLAN 覆盖率”、“移动电话普及率(部/百人)”、“下一代广播电视网覆盖率”。

2)宽带网络接入水平

宽带网络接入水平是指城市居民通过各类宽带接入渠道可实际享受的网络带宽，该指标主要从每户家庭实际使用网络的平均带宽和通过 WLAN 传输方式实现的网络连接的平均实际带宽来衡量。

3)网络基础设施建设

城市网络基础设施建设包括电信通信网络的建设、广播电视网络的发展、计算机信息网络的建设和应用以及接入网络建设，而这类工程的投资程度则显示出城市在智慧城市建设中的努力与效用程度，因此该指标采用“网络基础设施投资占社会固定资产投资比重”来衡量城市在网络基础设施建设方面的努力和重视程度。

# 第 4 章

# 广州市智慧城市建设的发展现状

本章通过目标定位与发展战略、基础设施、产业领域、服务以及人文等领域的建设情况对广州智慧城市建设的发展现状进行了描述，为更好地了解广州智慧城市建设的发展现状，在此基础上，本章还重点分析了天河智慧城(industry business district，IBD)建设、南沙智慧岛建设、中新知识城建设和智慧乡村建设的情况。通过以上分析，总结出现阶段广州建设智慧城市中遇到的制约因素及其原因，为广州智慧城市运行机制和优化路径分析奠定现实基础。

## 4.1 广州市智慧城市建设与发展概述

### 4.1.1 广州市建设智慧城市的意义

广州市作为广东省省会城市，地处广东省东南部，濒临南海，毗邻香港和澳门，是华南地区的交通、通信枢纽。优越的地理位置、亚热带季风性湿润气候以及广州市经济的迅猛发展使得广州市在过去的 30 多年中经历了史无前例的城市化进程。广州市统计数据显示，2010 年广州市有 28 222 人转为城市户口，广州市常住人口达到 722 万人，5 年内增长了 54 万人，比 1980 年的 256 万人增加了 466 万人。随着城市化的发展和广州市规模的不断扩大，越来越多的城市问题显现出来，如城市化中的能源与发展问题、政府的 GDP 考核与环境的可持续发展问题、城市化中的能源与生产发展问题等。而智慧城市的提出为解决这些城市问题提供了一种思路，对广州市构建科学发展、功能完善、环境友好、社会和谐的新型城市形态具有重要的现实意义。

第一，国际国内“智慧风潮”的新形势要求广州进行智慧城市建设。IBM 公司于 2008 年提出“智慧地球”的概念，并相继给出智慧的电力、智慧的医疗、智慧的交通等智慧方案。这一举动在全球掀起了智慧风潮，国内外很多城市做出智慧城市建设的战略部署。美国、日本、韩国、新加坡等国家先后实施“智慧城市”发展战略，如美国提出的国家信息基础设施和全球信息基础设施计划、欧盟的“信息社会”计划等。此外，在我国国家政策的大力支持下，北京、上海、杭州、深圳等城市纷纷制定智慧城市建设规划，截至 2011 年 9 月，中国内地已经有 95 个城市把智慧城市建设列入“十二五”建设规划。在这样的形势下，广州也必然要开始智慧城市建设的步伐。

第二，广州建设智慧城市是社会发展到一定阶段的必然选择。在过去的 30 多年中，广州市经济快速增长，与之相伴随的是广州市吸引了来自全国各地的投资者和务工人员，使得广州市人口剧增，城市规模越来越大，城市管理越来越繁杂，社会安定、环境污染、资源短缺等问题愈加凸显，如图 4-1 所示。2010 年，广州市越秀区常住人口密度达到 34 240 人/平方千米，海珠区常住人口密度达到 17 248 人/平方千米，广州城市管理任务越来越艰巨。

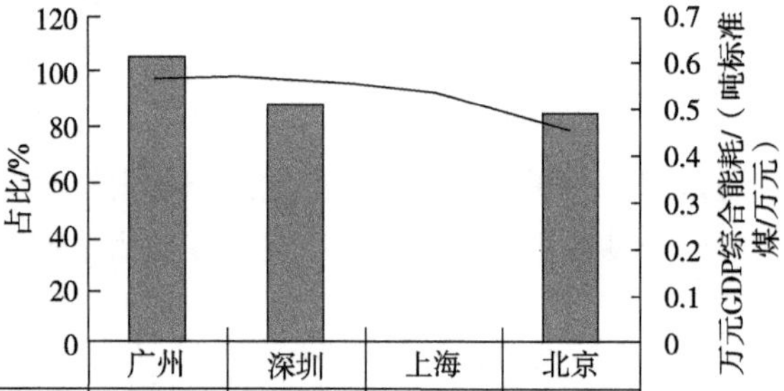


| | 广州 | 深圳 | 上海 | 北京 |
|---|---|---|---|---|
| 万元GDP综合能耗/（吨标准煤/万元） | 0.614 | 0.51 | | 0.49 |
| ——空气质量达到二级以上的天数占全年的比重/% | 97.81 | 97.53 | 92.1 | 78.4 |

图 4-1　2010 年几大城市能源消耗和空气质量情况

IBM 公司的智慧城市计划认为，城市由关系到城市主要功能的不同类型的网络、基础设施和环境方面的六个核心系统组成：组织(人)、业务/政务、交通、通信、水和能源，这些系统不是零散的，而是以一种协作的方式相互衔接。“21 世纪的‘智慧城市’能够充分运用信息和通信技术手段感测、分析、整合城市运行核心系统的各项关键信息，从而对于包括民生、环保、公共安全、城市服务、工商业活动在内的各种需求做出智能的响应，为人类创造更美好的城市生活。”(IBM 公司，《智慧城市白皮书》)因此，要解决当前社会发展遇到的各种问题，广州市必须走智慧城市建设的道路。

第三，广州市经济的发展和信息技术水平的提升为智慧城市建设准备了条件。广州作为我国改革开放的前沿地区，其社会经济发展已经取得了令人瞩目的成绩(图 4-2)，这也为建设智慧广州奠定了基础。与此同时，广州城市信息化建设也取得了斐然的成绩，如表 4-1 所示。近年来，广州市现代信息基础设施建设不断完善，其国际信息通信网络枢纽的能力已大幅提升，随着电子政务应用与整合的不断深入，广州信息化已经广泛普及，并已深入经济发展、城市管理、政府行政、公共服务和百姓生活的各个环节，尤其是全球下一代互联网、物联网、新一代移动宽带网络、云计算等新一轮信息技术的迅速发展以及深入应用，使得广州市有了智慧建设的基础。

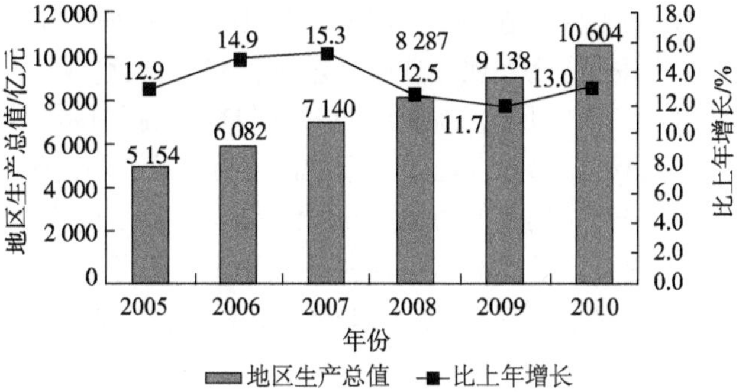


图 4-2 2005～2010 年广州市地区生产总值的变化

**表 4-1 广州市科技和信息化竞争力情况**

| 城市创新能力 | | 信息化十佳城市 |
|---|---|---|
| 城市 | 位次 | 城市(不分先后) |
| 北京 | 1 | 北京 |
| 深圳 | 2 | 大连 |
| 上海 | 3 | 广州 |
| 广州 | 4 | 宁波 |
| 南京 | 5 | 青岛 |
| 天津 | 6 | 天津 |
| 杭州 | 7 | 上海 |
| 苏州 | 8 | 沈阳 |
| 厦门 | 9 | 深圳 |
| 宁波 | 10 | 苏州 |

资料来源：中国创新城市评价课题组《2010 中国创新城市评价报告》、“2010 中国城市信息化 50 强”评选活动

第四，广州市智慧城市建设推动国家中心城市建设。所谓国家中心城市就是在全国具备引领、辐射、集散功能的城市，这种功能表现在政治、经济、文化诸方面。2010 年 2 月，在住房和城乡建设部发布的《全国城镇体系规划》中，广州市被列为国家五大中心城市之一。《珠江三角洲地区改革发展规划纲要(2008—2020

年)》明确指出，广州要增强软实力，提升城市综合竞争力，强化国家中心城市的地位。国家中心城市要求广州要做到形成和发展现代产业体系、绿色低碳环境友好发展、保障和改善民生、加强和创新社会管理。而智慧城市建设就是要加强智慧基础建设、加快智慧产业发展和构建智慧发展平台。因此，建设智慧城市是国家中心城市建设的一个部分，智慧城市的建设可促进广州市建设成为国家中心城市。

第五，广州市智慧城市建设是国家创新型城市建设的主要内容。《广州市国民经济和社会事业发展第十二个五年规划纲要》将“建设智慧城市”作为广州率先建成国家创新型城市的主要组成部分，指出要在建设智能型基础设施、促进产业智能化发展和推动城市智能化管理等方面推进智慧城市建设。《广州国家创新型城市建设总体规划(2011—2015 年)》指出，广州以自主创新引领广州经济结构调整、转变发展方式为目标，以惠及民生、服务社会为出发点和落脚点，以体制机制改革为动力，以增强自主创新能力为主线，以推动产业结构优化升级为重点，从加强自主创新能力建设、发展战略性新兴产业和现代服务业、发展民生科技、推进智慧城市基础设施建设、营造创新友好环境和探索创新驱动发展模式等六个方面加快建设国家创新型城市。其中，智慧城市建设是以建设“信息广州”为切入点，加强基础网络设施建设和信息资源开发利用，促进信息技术在国民经济和社会发展各领域的渗透和应用，提升城市信息化和智能化水平。因此，上述两个规划纲要都明确指出智慧城市建设在创新型城市建设中的地位和作用。

### 4.1.2 广州市建设智慧城市的基础条件

近年来，广州不断加大投入力度，经济实力迈上新台阶，信息化水平大幅提升，电子信息产业高端化发展，前瞻性布局实施一大批重点项目，其中在交通信息化、电子商务、电子政务和无线城市建设等领域取得了显著成效，智慧城市基础扎实，建设蓝图已经铺开。

1. 经济实力雄厚

智慧城市的研究是一个庞大复杂的工程体系，特别是在交通、水电、环境、医疗、教育等重大领域，需要投入大量的人力、物力、财力，需要以庞大的资金投入作为经费保障和支持手段。近年来，广州市的经济发展速度飞快，2006～2010 年，广州经济以年均 13.5%的速度快速增长，2010 年地区生产总值成功突破 1 万亿元，达到 10 604.48 亿元，使得广州成为全国第三个进入“GDP 万亿俱乐部”的城市，图 4-3 显示的是近年来广州地区生产总值及其增长速度，我国主要城市地区生产总值和年均增速对比情况如图 4-4 所示。“十一五”时期，广州用于投入民生及发展社会事业的财政资金达 2 539.3 亿元，显示出政府对城市建设的重视力度。广州市雄厚的经济实力可以提供良好的经济保障，可以确保智慧城市建设持续、有序进行。

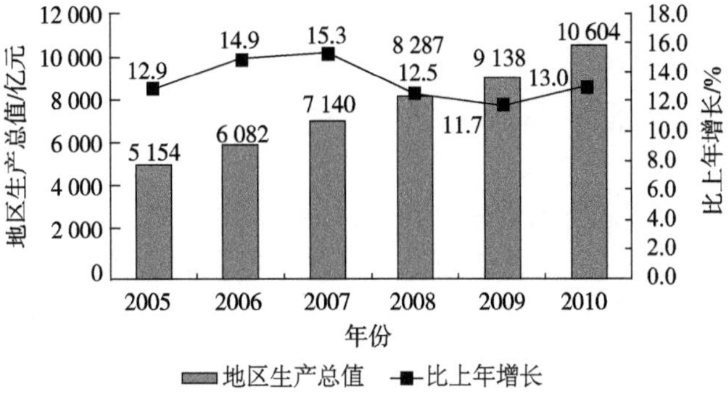


图 4-3　2005～2010 年广州地区生产总值及其增长速度

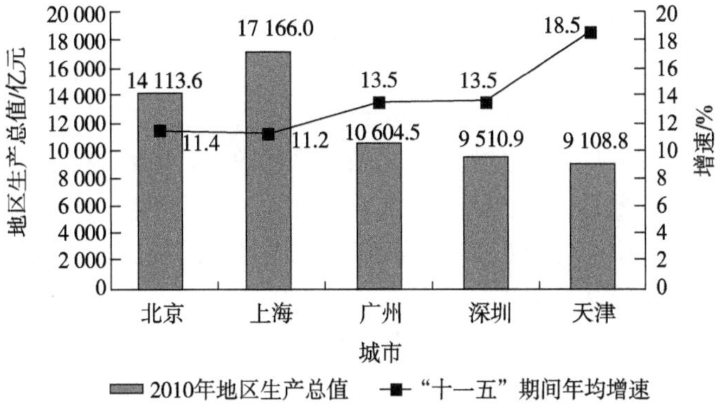


图 4-4　我国主要城市地区生产总值和年均增速对比

资料来源：各城市 2011 年统计年鉴

2. 完备的基础设施

首先，信息基础设施是智慧城市规划不可或缺的基础条件，是建设智慧城市最为关键的基础设施。广州市对信息基础设施建设给予了高度重视，并从战略层面全面部署，现已经建成了功能齐备、规模庞大和覆盖全面的城市信息基础设施体系。截至 2010 年年底，广州国际互联网出口带宽超过 567GB/s，占全国 58%以上，铺设光纤 907 万纤芯公里，城市光纤网络到楼率超过 95%，覆盖全市所有行政村和 97%的自然村。截至 2011 年年底，广州建成 3G 基站 10 027 个，3G 室内分布系统 7 981 个，3G 信号覆盖率达 98.6%；WLAN 接入点达 33 063 个，WLAN 用户达 122 万人，其中，全市共有免费无线上网的热点区域 985 个，AP(access point，即访问接入点)达 6 242 个，覆盖政府对外办公场所、公共服务和繁华商务区域。同时，基于 TD-LTE 制式的 4G 试验网已开始建设，目前已建成 TD-LTE 基站 254 个。上海市社会科学院《中国城市信息化发展与评估》研究结果显示，广州在全国信息化综合评估中排名第四(上海、深圳、北京分别排名前三），其终端设备的普及水平在全国名列第一，其技术性基础设施与国内其他城市相比具有相对明显的优势。

“云平台”建设是信息基础设施建设的重要组成部分。为推进云计算产业发展，广州市出台了《关于加快云计算产业发展的行动计划(2011—2015)》，即“天云计划”，制定了一系列云计算系列发展目标。广州发展云计算具备一定的基础与区位优势：一方面，广州作为全国三大通信和互联网枢纽之一，拥有最大的国际出口带宽容量，2010 年广州市信息化综合发展指数(information development index，IDI)达到 0.946，电子产品制造业产品产值突破 1 802.75 亿元，信息服务业的快速发展为云计算大规模应用提供了产业化条件；另一方面，广州已在云计算基础设施、云计算平台技术和云计算服务等方面布局了一批重要项目，主要有国家超级计算广州中心、广州电子政务云计算平台、中国电信亚太信息引擎、中国移动南方基地、中国联通国家数据中心等，涉及电子政务、电子商务、交通物流、教育卫生等领域。目前，广州建设的云平台主要有广州大学云平台、广州杰赛公司新技术及云计算体验中心、广东网络问政“云平台”等。

其次，建设智慧城市的根本在于加强基础设施建设。广州很重视基础设施建设，不仅成立了城市监控指挥中心等城市管理综合协调机构，推动供水、供电、供气等市政公共设施不断完善，而且投入 2 300 亿元推进交通基础设施建设与改造。新建 177 千米地铁线路、210 千米高速公路和 609 千米城市道路，形成了地铁、快速公交系统(bus rapid transit，BRT)、普通公共交通三位一体的综合交通运输系统。

广州良好的基础设施和信息技术基础设施，是建设智慧城市的独特现实优势。通过对现有基础设施有计划、有步骤的升级改造，能够较快形成符合智慧城市建设需要的基础设施框架体系，具有很高的经济性和建设效率。

3. 信息广州形成

近年来，广州市大力实施“信息广州”核心战略，在一系列政策和资金的支持下，电子政府、信息惠民富民、信息兴业、网络新都、网络文化、信息创新、信息合作七大工程建设取得显著成果，信息化综合发展指数由 2005 年的 0.839 提升至 2010 年的 0.946，已跨入全球中高水平城市行列。广州借力亚运会的举办契机，大力开展“信息亚运”工程，投资 5.2 亿元建成 56 个信息化项目。广州市区已实现无线网络全覆盖，“无线城市”门户正式开通，电子政府逐渐成为公共管理和服务的主流模式，网络化成为广州人的主流生活方式之一。截至 2010 年年底，共有近 600 个业务应用系统覆盖 80%的政府管理和公共服务业务，社区信息化覆盖全市 95%的街道；26.2 万个视频监控摄像点全面覆盖广州市区道路及各类公共场所，并实现全市联网、综合管理和智能应用。在电子政务方面，广州市政府有 143 项面向企业和市民的服务事项实现全流程网上办理，网上政务公开、政务服务、政民互动、业务管理等信息化水平居全国领先地位，详见图 4-5。广州市政府门户网站还获得工信部颁发的“中国政府网站突出贡献奖”、电子政务建设工程成就奖、2010 年全国政府网站绩效评估省会和计划单列市组第一名。此外，广州“网络商都”建设成效显著，已建设成为亚太地区重要的电子商务中心。2010 年，广州市重点企业网上采购和销售总额达 5 095.62 亿元，居全国前三位，连续五年保持快速增长，详见图 4-6。

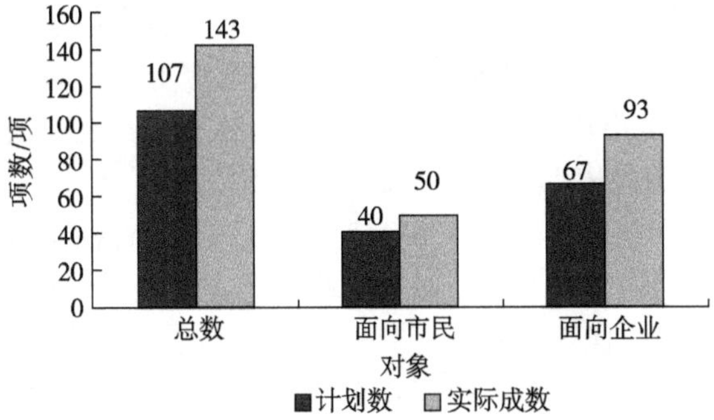


图 4-5 2010 年广州市电子政务网上服务事项完成情况

资料来源：《广州市科技和信息化工作年报 2010》

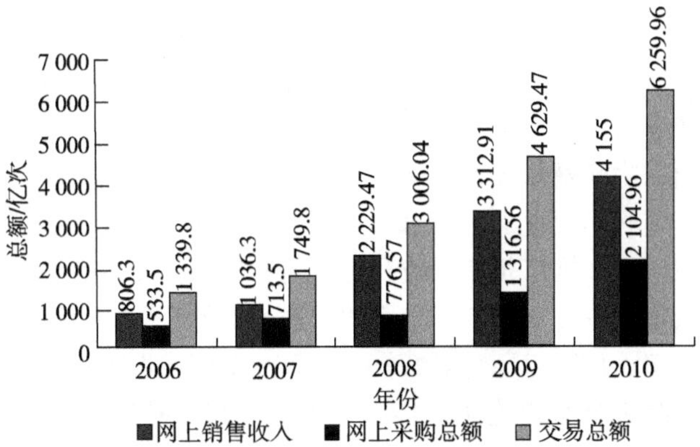


图 4-6 2006～2010 年广州电子商务交易情况

资料来源：《广州市科技和信息化工作年报 2010》

通过运用视频监控、RFID、新型传感器等物联网技术，广州市在治安监管、特种设备监控、交通调度、食品安全、工业制造等领域已形成一大批应用示范项目，并且广州还获批成为国家级信息化和工业化融合试验区、国家数字家庭应用示范产业基地和中国电子商务应用示范城市。目前，信息广州已经基本形成，强大的信息网络、良好的信息化环境和较高的信息应用水平，为广州建设智慧城市提供了有力支撑。

4. 智慧产业基础

1)高科技与信息产业

高科技产业和信息产业是智慧产业的重要组成部分，也是广州经济增长的重要引擎。近年来，高新技术产业已经成为广州发展战略性新兴产业的重要增长点和国民经济的支柱产业。2011 年，广州市规模以上工业高新技术产品产值约达6 311亿元，占全市规模以上工业总产值比重约达 40%，比 2006 年提高约 10 百分点。广州是全国信息产业强市，信息产业已经成为全市产业转型升级的战略支点。2010 年，广州市电子信息制造业、软件信息服务业规模分别是 2005 年的 2.34 倍、3.16 倍。全市规模以上电子信息产品制造业实现产值 1 802.75 亿元，增长 32.8%，对全市规模以上工业增长贡献率约为 21.2%，高端电子信息产业比重进一步加大，光电显示、宽带无线移动通信、数字音视频继续成为增长的主要动力，同比增长均达 30%以上。通过承接国家重大科技专项和实施重大项目，广州在数字家庭、新一代移动通信、平板显示等重点领域已经形成了以标准为核心、以芯片为突破的创新特色，研发出数字音频(digital rise audio，DRA)、数字高清互动接口(DiiVA)等具有国际影响力的核心技术标准，同时，国家集成电路设计广州高新技术产业化基地、国家数字家庭应用示范产业基地、广东省战略性新兴产业基地(广州新一代通信设备和终端产业基地、物联网产业基地和数字家庭产业基地)等一批重量级基地项目也相继获批建设。广州智慧产业庞大的发展规模和良好的产业基础，为建设智慧城市提供了大量的智慧技术和产品。

2)物联网产业

第一，广州在物联网相关产业上已初具规模。据不完全统计，RFID、二维码、视频监控等物联网企业近 700 家，产业规模达 150 亿～200 亿元。第二，物联网已在多领域应用。据广州市科技和信息化局信息化发展处统计，作为国内物联网应用先行城市之一，目前广州市 7 000 多辆公交车、1.8 辆台出租车、3 967 辆危险货物运输车、1 259 辆散体物料车、6 500 多辆重点车辆，已经与相应的监控中心和后台系统进行有效连接，实现了动态感知，除了实现对车辆的实时监控、对运力资源的合理配置外，这一技术将来有望在城市智能交通系统、治堵等方面起到重要作用。第三，物联网其实已经与大多数市民的生活密切相关，如广深铁路电子票、电子门票、城市“一卡通”、母婴智能监护系统等。第四，“广州芯”正在形成，对于作为物联网核心技术的 RFID 芯片，广州已取得重大进展。中山大学国光电子与通信研究院已成为继上海复旦微电子股份公司(简称复旦微电子)、上海华虹集成电路有限责任公司(简称上海华虹)之后国内第三家能成功研制和拥有 RFID CPU 卡芯片的单位，“广州芯”正在形成。第五，“广州物联网检测技术服务中心”正在筹建。2011 年 4 月，广州市光机电技术研究所获准筹建“广州物联网检测技术服务中心”。该物联网检测技术服务中心由四个 RFID 检测实验室和一套实验室质量管理体系组成，构建支持 RFID 技术和物联网产业发展的区域检测技术服务体系，研究物联网相关的测试方法、技术和标准，重点为广大客户提供物联网技术应用推广和产业规范发展所需要的检测服务、产品质量认证、测试技术服务，并提供应用 RFID 技术和物联网产品的项目整体解决方案。第六，物联网集聚地开始打造，广州市拟重点打造“萝岗、天河、南沙”三个物联网集聚地。预计到 2015 年三大集聚地物联网产业规模总值将超过 1 000 亿元。其中，广州开发区(萝岗)截至 2013 年已集聚各类物联网企业 100 家以上；而拟在五年内建成的天河智慧城，预计聚集 1 000 家高端信息服务企业，容纳 10 万就业人口及 30 万居住人口；“南沙智慧岛”则率先推进物联网等智慧技术的研发，到 2015 年实现地区生产总值 1 000 亿元。

5. 智慧应用广泛

广州在经济社会各领域广泛应用智慧产品和服务，初步实现了智慧技术开发与应用的深度对接，智慧产业市场培育卓有成效。广州 M2M(machine to machine，即机器对机器)终端数量达到 24 万个，已在食品安全溯源、现代物流、智能交通、城市运行管理、节能环保、医疗卫生等多个领域展开了物联网、云计算等核心智慧产业的应用示范，并且将在这些领域具有更为广阔的市场前景，形成智慧产业的良性发展循环，详见表 4-2。

**表 4-2　广州智慧产业主要运用领域情况**

| 应用领域 | 应用情况 |
|---|---|
| 智慧物流 | (1)开展了 RFID 技术在粤港通关便利化试点企业以及在公路交通、港口、机场和仓储等方面的应用；<br>(2)建立广州电子口岸工程共享物流信息，实现对物流供应链和社会物流领域的全覆盖；<br>(3)全国首个 RFID 公共技术支持中心设立，积极研发 RFID 与移动通信、GPS、全球微波互联接入(world wide interoperability for microwave access，WiMax)、全球下一代互联网等技术结合，将物联网技术应用于物流领域；<br>(4)规划建设大型物流基地“亚洲一号”的京东商城投资 8 亿元在广州建设物联网基地华南总部；<br>(5)迅速发展的网上询价、交易、支付、物流配送“一站式”电子商务经济模式，为智能物流业的发展提供了良好的空间 |
| 智慧交通 | (1)悉尼自适应交通控制系统(Sydney Coordinated Adaptive Traffic System，SCATS)智能交通信号系统已覆盖广州市区；<br>(2)已建立了交通控制与指挥系统、交通管理信息网络、闭路电视监视系统、电子警察和路面车流监测系统，启用了公共交通综合管理系统；<br>(3)在各交通管理职能部门之间建起了主干 4G、各主要节点 2G 带宽的千兆以太网络平台，推进了珠江新城智能交通试点工程；<br>(4)全国唯一基于物联网的《基于物联网的城市智能交通应用示范工程项目实施方案》得到批复；<br>(5)广州正进一步优化升级公交 GPS 智能调度、出租车电召、停车诱导系统、羊城通等智能交通管理系统，扩大 GPS 系统和 RFID 的应用；<br>(6)2010 年广州市进行了智能交通系统的发展规划研究，力推构建城市智能交通要素身份认证、信息精准获取、交通综合信息处理三大体系 |

续表

| 应用领域 | 应用情况 |
|---|---|
| 智慧城市管理 | (1)利用物联网技术实现了100项政府业务全流程网上办理；<br>(2)保障房安装指纹识别系统、人脸识别系统，万辆公务车上装有RFID的射频识别终端、广州推出犬只“电子芯片”植入服务、图书馆RFID系统；<br>(3)2010年出台的“信息广州”战略中提出“建设以公众为中心的电子政府”；<br>(4)积极建设新的广州市电子政务公共服务体系；<br>(5)广州市政府门户网站获工信部颁发“中国政府网站突出贡献奖”、电子政务建设工程成就奖以及广东省政府网站绩效评估地级市第一名等荣誉 |
| 智慧医疗 | (1)大型医院已采用了信息系统；<br>(2)信息化软件在医疗登记方面的管理，住院病人、医护人员管理，新生婴儿管理，手术管理，药品、医疗用品供应链管理和医疗器械、设备以及医疗垃圾的追踪管理方面都有运用，如“市民卡”看病、广州海南医保一卡通；<br>(3)广州天绎智能科技有限公司研发了母婴识别防盗管理系统，迈科网络开发的血站信息系统；<br>(4)根据《广州市生物产业创新发展行动计划(2010—2012)》，广州将结合广州“天云计划”的实施及其在生物医药领域的应用，打造一个以华南生命科学研究成果为基础的、高效开放的国际化生物信息平台 |
| 智慧节能 | (1)智能节电管理在广州亚运会供电保障工作中成功运用；<br>(2)2010年广州市已在萝岗区试点开展智能用电管理平台建设；<br>(3)广汽本田、卓德嘉、捷普电子、毅昌科技等企业在技术节能和管理节能方面有一定经验和措施；<br>(4)广州推出节能降耗新方法，即需求侧智能用电管理；<br>(5)广州市华南理工大学、中山大学、南方电网科学研究院的电力专家专门对节能降耗、需求侧管理、智能电网领域进行了深入研究 |
| 智慧工业制造 | (1)已启用RFID技术车辆识别系统；<br>(2)广州白云区科技园内的广州华特实业公司成立了华特物联网数据中心，将引导汽车零部件物联网蓝海的开辟；<br>(3)广州数控的传感器、计算机和软件技术的嵌入利用以及自主研发的GSK系列工业机器人；<br>(4)广汽本田发明的车间空调节能控制系统、中上涂工艺空调器温湿度随动控制、压缩空气供应系统节能自控模式等物联网应用的开发等 |
| 智慧家居 | (1)广州聚晖电子科技有限公司(简称聚晖电子)率先提出联合电信运营商和其他众多信息服务提供商运营发展模式，打造了5A信息新生活的模式；<br>(2)东莞市松山湖的“锦绣山河”全面配套聚晖电子智能家居系统项目建成；<br>(3)广州移动建成全国首个体验式网络服务中心，建立“信息立方”信息系统，利用RFID技术自主研发了一套感知型服务系统，为智能家居的发展开辟新领域 |
| 智慧电网 | (1)在网络保护、灵活输电、数字化变电站、分布式供能系统、清洁能源接入、节能调度、不同特性发电设备综合调控、交直流电网稳定控制，以及提高配网智能化水平、提高终端负荷侧的科学管理水平等方面取得了显著成效；<br>(2)南方电网公司建立了智能电网研究联席会议制度；<br>(3)“十二五”智能电网目标明确，目前已进入全面建设时代，技术标准形成，智能电网的试点和推广加快，为该行业带来良好的发展机会 |
| 智慧商务 | 截至2010年年底，移动电子商务累计活动用户数达到1 600万，业务涉及20多个行业，合作伙伴超过100家，业务接入数从2008年的45个增长到2012年年底的124个，铺设POS终端400余台 |

6. 良好的政策环境

广州市十分重视智慧城市建设，多次召开专题会议，出台多项政策文件，积极谋划建设方案和实施路径。中共广州市委书记万庆良指出，智慧广州建设是当前及“十二五”时期广州市的重大工作任务，是建设国家中心城市、加快转型升级、打造幸福广州的重大战略举措。2011 年 12 月，广州市人民政府新闻办公室召开了广州建设智慧城市新闻发布会，计划用 5 年时间构建“智慧广州”框架，打造“五个新”，即建设一批智慧新设施、推进一批智慧新应用、发展一批智慧新产业、开发一批智慧新技术、创造一种智慧新生活，到 2020 年基本形成智慧广州体系。广州市还制定了《智慧广州建设总体方案》、《智慧广州示范区总体规划纲要》、《广州南沙智慧岛建设战略规划》、《广州市基于 WLAN 网络的无线城市规划(2012—2014)》等一批规划文件，陆续实施了“天云计划”(广州发展云计算行动计划)、智慧广州“六个一”工程(即一个市民个人主页、一张社会保障市民卡、一个城市海量信息资源库、一个公共支撑平台、一个天河智慧城和一支智慧人才队伍)等一批重点工程计划，推进天河智慧城、南沙智慧岛等试点区域建设，形成了推动智慧城市建设的强大合力，探索出具有广州特色的智慧城市建设路径。

综上，广州拥有独特的地缘优势和市场腹地优势、国家中心城市的功能定位、居于全国第 3 位的经济综合实力以及先进的基础设施，以现代服务业和先进制造业为核心的现代产业体系粗具雏形，增强配套能力，同时以其信息、软件、新材料为主体的新兴产业已形成良好的集群化发展态势，为了进一步巩固华南科技和人才资源聚集的优势，广州市政府围绕现代产业和高技术产业发展出台了一系列政策措施，并加快制定智慧产业的发展规划及扶持政策，为智慧城市的建设营造了良好的环境。

## 4.2　广州市智慧城市建设的主要举措与发展现状

### 4.2.1　广州市智慧城市建设的目标定位与发展战略

1. 广州市智慧城市建设目标定位

首先，广州市智慧城市建设的总体目标是，以高端战略性新兴产业为抓手，将广州智慧城建设成泛珠三角新兴产业创新核心区，具体为：①在创新发展方面，要把提高自主创新能力作为转变经济发展方式、调整经济结构的核心推动力，推进国家创新型城区建设，加速完善自主创新体系，提高科技创新对经济发展的支撑力。②在高端取向方面，要坚持产业高端发展取向，集聚知识型高端人才，加快发展知识经济，突出产业链“微笑曲线”的两端，推进核心产业高端化发展。③在统筹融合方面，要统筹与知识城关系，坚持以引领区域一体化发展为目标，打破行政壁垒，优化区域资源配置，推进现代服务业与现代制造业的融合，引领区域一体化加速发展，显著增强广州在更大范围的辐射带动作用。④在绿色发展方面，要坚持生态优先和可持续发展战略，坚持走低能耗、低污染、低排放的绿色发展道路。⑤在建设幸福家园方面，致力于建设适宜创业发展、适宜生活居住的城市环境。

此外，广州智慧城市建设的具体定位可以从以下三个方面阐述。

1)广州市智慧城市建设定位于建成战略性新兴产业核心区

提升广州核心产业竞争力，就是要做大做强“三个核心”，即核心产业、核心企业和核心产品，这是提升广州核心产业竞争力的总目标、总任务。

产业竞争力是一个城市整体竞争力的重要组成部分，而核心产业的竞争力又是决定产业竞争力的关键所在。广州智慧城拥有较优生产要素、较好需求条件，以及较强带动性、较高集中度的核心产业，因此，加快推进规划建设，对于提升广州核心产业竞争力具有重大的现实意义。

2)广州市智慧城市建设定位于建成创新核心区

创建国家创新型城市，目的是把自主创新作为城市发展的主导战略，作为经济社会发展的主要驱动力，作为产业结构优化升级的中心环节，显著提高发展质量和效益，从根本上转变发展方式。广州作为创建国家创新型城市试点已进入攻坚阶段，需要充分发挥广州智慧城引领、示范和带动作用，集聚形成一批创新型集聚区，率先突破制约创新发展的瓶颈，加快国家创新型城市建设的进程。

3)广州市智慧城市建设定位于建成高层次人才集聚核心区

围绕建设国家中心城市核心区和“首善之区”典范的目标，实施人才强区战略，实现五山大学校区、科技园区、公共社区(简称“三区”)的融合与联动发展，体现“和谐发展、总部引领、创新驱动、绿色增长、人文共建”，着力推动产业发展高端化、品位内涵化、公共服务优质化、社会管理科学化。

围绕与《国家中长期人才发展规划纲要(2010—2020年)》体系相衔接，围绕构建珠三角重要的人才高地，科学规划智慧城人才队伍建设中长期发展战略、目标任务和政策措施，以政策突破带动体制机制创新，以工程实施引领人才队伍建设，为实现新跨越提供坚强的人才保证和智力支撑。

大学校区主要为园区提供创新创业人才、项目、手段，其为整个区域提供智力支持；科技园区是大学师生和城区市民创新创业及就业的场所，是城区经济发展的一个增长极；公共社区主要为校区和园区提供公共服务，为城区内的人们提供了适宜居住、休闲、交流的环境。

2. 广州智慧城市发展战略

2010年10月，《广州智慧城：新兴产业创新区概念规划方案》中指明了智慧广州的发展战略选择，即以创新为主题，以新兴产业为抓手，以创新核心区为主战场，全力建设智慧广州。

战略一：大力推进自主创新和经济结构调整。坚持把提高自主创新能力作为转变发展方式、调整经济结构的核心推动力，推进国家创新型城市建设，加速完善自主创新体系，提高科技创新对经济发展的支撑力。广州将主抓新一代信息技术、生物、新材料、新能源汽车、节能环保和新能源、海洋六大战略性新兴产业。提高城市核心竞争力关键在于创新，也就是要转变经济发展方式，落实自主创新，提高产业核心竞争力。

战略二：加快提升国家中心城市综合服务功能。坚持转变城市发展方式，更加注重以功能定位指导空间开发，推进形成主体功能区发展格局。后亚运时代，广州市“十二五”规划重心在于强化国家中心城市，提高中心城市的影响力、集聚力和辐射力。

战略三：推动体制机制创新。坚持重点突破与整体推进相结合，积极争取国家和省对广州重大改革创新的支持，全面推进行政管理体制改革。

战略四：实现绿色发展。坚持生态优先和可持续发展战略，加快城乡绿道、生态绿地和森林生态保护体系建设，推进水环境、人居环境和大气环境的综合治理，切实优化城市空间布局，完善公共服务配套设施，建设“两个适宜”的生态城市。

战略五：统筹城乡区域协调发展。坚持实施城乡区域协调发展战略，完善城乡统筹发展机制，加快中心城区再城市化。广州市的发展趋势具有由西向东发展的规律，20 年前，越秀山、人民公园一带是传统中轴线，目前珠江新城是城市新的商贸轴。“十二五”规划期间，广州形成了第三条发展轴——创新科技轴：北面是知识城，南面是大学城，中间是天河区东北部和科学城形成的科技创新结合。而以先进制造业为主的科学城和以高端服务业为主的天河软件园，是广州近几年的发展主战场。

### 4.2.2　广州智慧城市基础设施建设现状

智慧城市基础设施建设包含两个方面的内容：首先，它包含实体基础设施建设，即安装了感应装置并相互连接的城市道路、给水排水管网、燃气管网、路灯等与实体基础设施相关建设情况；其次，它还包括信息网络技术设施，即传输线路、服务器、路由器、计算机、无线接点等信息网络基础设施的相关建设情况。

1. 实体基础设施不断完善，技术不断提高

近年来，广州不断加强城市基础设施建设，建立了比较完善的实体基础设施。交通设施方面，公路、铁路、航运和能源供应基础设施网络较为成熟。截至 2010 年年底，广州公路里程达 8 975 千米，其中高速公路 577 千米；民用车辆达 214.64 万辆，其中汽车达 159.89 万辆；铁路延展里程 3 194.28 千米，其中营业

里程 1 468.37 千米；拥有铁路机车 441 台，年客运量和货运量分别达到 9 362 万人次、6 689 万吨；港口码头长度达 63 166 米，泊位 821 个，其中万吨级泊位 62 个；输油(气)管道 24 条，里程达 82.22 千米，年输油、输气能力分别达到 2 381 万吨、9 800 万立方米。在市政和文化设施方面，供水、供气管道密度不断提高，截至 2010 年年底，广州供水管道长度达 15 942 千米，供水总量达 19.08 亿立方米，用水普及率达 99.56%。供气管道长达 4 434 千米，燃气普及率达 99.21%。总之，从以上数据可以看出，广州市实体基础设施已经为广州市建设智慧城市做好了准备。

2. 信息网络基础设施建设

智慧城市信息基础设施是指形成支撑智慧城市技术架构的硬件设备和应用技术体系。智慧城市技术架构由感知层、传输层、平台层和应用层组成，如图 4-7 所示。感知层主要是通过人工或自动的方式获取信息，由城市公共信息采集设备(如摄像头、传感器等)、具有感知能力的市政基础设施(如道路、管网)等构成。传输层主要是传输信息，通过网络能力的扩展和各种异构网络间的协同，构建起有线无线结合、宽带窄带结合的网络平面，使得智慧城市的海量节点无缝随时接入，海量信息无障碍传输，主要由通信网、互联网和物联网构成。平台层主要是处理信息，基于云计算系统数据库系统，汇集所获得的各类信息，遵循一定规则进行储存，运用相应模型进行计算，获得中间结果主要由云计算中心构成。应用层是智慧技术在各领域的应用，各行业通过智能设备，可以随时查询、使用、获取智慧信息和计算结果，得到各类智能化服务，由智慧公共设施(如公交站、信息亭、公共显示屏)、智慧交互终端(如手机、计算机、电视)、行业智慧应用平台(智慧城市管理终端、智慧民生终端)等构成。

对应于智慧城市四个层次的技术架构，智慧城市信息基础设施就可以划分为智慧感应终端、智慧传输网络、智慧处理平台和智慧应用设施四大内容，如图 4-8所示。智慧感应终端通过传感器与识别系统连接实现城市各主体之间的感应，智慧传输网络通过三网融合传送信息实现城市的互联互通，智慧处理平台对数据进行计算和海量存储，智慧应用设施则将智慧技术和信息应用到各个领域。

近年来，广州大力开展智慧技术研究，建立了一批以智慧产业技术为研究重点的科研机构，产生了一大批智慧技术成果。广州市中国科学院工业技术研究院、香港科技大学霍英东研究院(番禺)无线通信集成电路设计中心(Wireless Communication IC System Design Center，WISE)、中山大学金智慧物联网实验中心、华南理工大学光通信材料研究所等各类科研机构陆续建立，组成了实力雄厚的广州智慧技术研究开发体系。广州在无线 RFID、自动识别技术、北斗系统民用技术、网络技术、云计算平台建设等领域取得了一系列重大成果，RFID 研发技术在国内处于领先地位。广东省无线射频标准化技术委员会积极参与国家

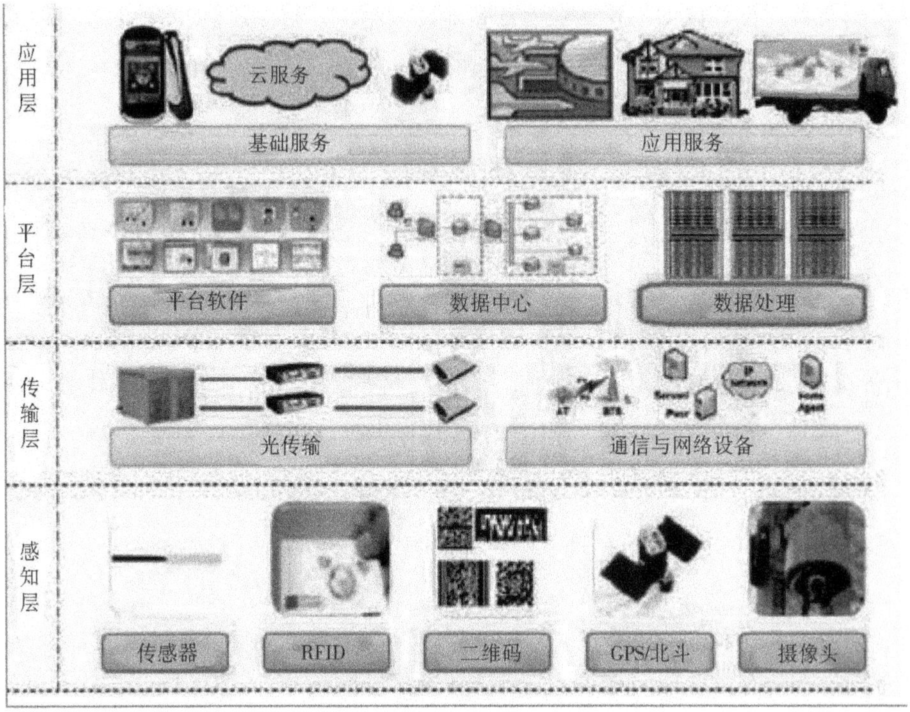


图 4-7　智慧城市建设技术架构

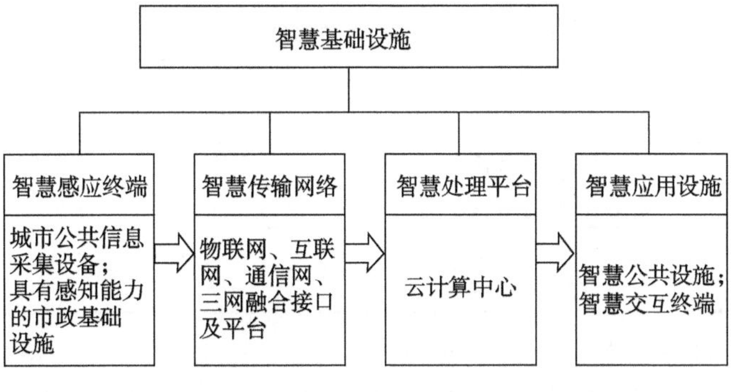


图 4-8　智慧城市建设信息基础设施

RFID 标准的研究与制定工作，在微机电系统（micro-electro-mechanical system，MEMS）技术、嵌入式技术、海量智能处理技术和组件式传感器方面参与制定了一系列通用标准。因此，从总体上看，广州市智慧城市技术层面成绩斐然。

图 4-9 比较了广州、北京、上海和天津这四大城市在信息化建设方面的情况。图中表明，无论是移动电话普及率还是电脑普及率，广州市都要领先于其他几大城市，而且广州市的互联网普及率也是这几大城市中最高的。这说明，近几

年广州市在建设智慧城市、加强信息基础设施建设方面成效显著。

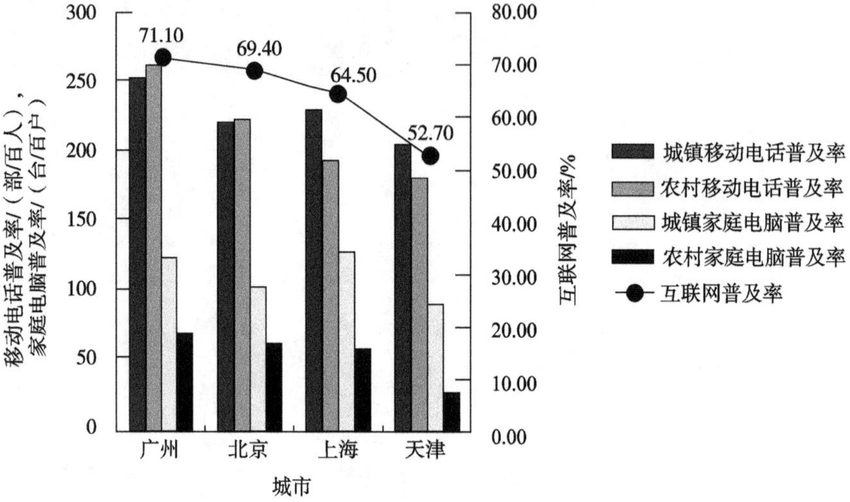


图 4-9 2010 年几大城市信息化发展情况对比

如表 4-3 所示，我们用 3G 基站、WLAN 无线接入点、WLAN 用户数、3G 用户数和无线宽带网络覆盖率五个指标观察广州市无线城市建设状况，总体来看，广州市无线城市建设已经初具规模，提高了城市运行效率，是惠及民生的建设，奠定了智慧广州建设的基础，提高了广州市竞争力。

**表 4-3 2010 年广州市无线城市建设状况**

| 一级指标 | 二级指标 | 数量 |
|---|---|---|
| 无线城市建设 | 3G 基站/个 | 9 625 |
| | WLAN 无线接入点/个 | 35 139 |
| | WLAN 用户数/万户 | 77.5 |
| | 3G 用户数/万户 | 301.8 |
| | 无线宽带网络覆盖率/% | 78.6 |

城市电子商务交易情况也从侧面反映了城市信息化水平。图 4-10 显示了2009～2010 年广州市电子商务交易情况，其中网上采购额、网上销售收入以及电子商务交易总额都有较大幅度的提高，表明广州市电子商务发展迅速。电子商务的发展是以信息化水平的提高为基础的，这也反映出广州市在信息化建设方面的成果。

如表 4-4 所示，2010 年广州市主要公共场所视频监控覆盖率达到 100%，社区视频监控覆盖率也达到了 55%，市民持卡人数达到 142.3 万人，可见，广州市的智慧感应终端设施建设已经相当完善。市民电子邮箱用户达 207 万户，应用数字证书企业网上缴纳税款额达到 436.8 亿元，可见，广州市在智慧传输网络层面的建设效果显著。

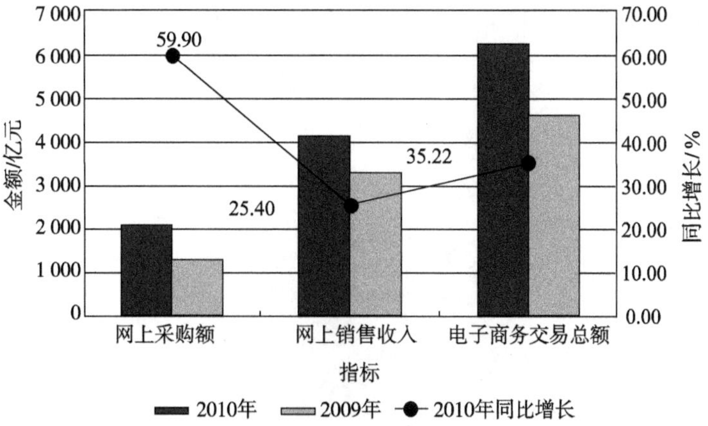


图 4-10　2009～2010 年广州市电子商务交易情况

**表 4-4　2010 年广州市社会公共服务信息化情况**

| 指标 | 2010 年 |
|---|---|
| 市民持卡人数/万人 | 142.3 |
| 市民电子邮箱用户/万户 | 207 |
| 全市发行电子证书累计/万张 | 12.7 |
| 应用数字证书企业网上缴纳税款额/亿元 | 436.8 |
| 网上增值税专用发票认证/万份 | 791.3 |
| 社区视频监控覆盖率/% | 55 |
| 主要公共场所视频监控覆盖率/% | 100 |

通过上述分析可见，广州市在信息化建设方面成效显著，信息化发展环境不断优化，为“智慧广州”建设奠定了坚实的技术基础。

### 4.2.3　广州智慧城市产业领域建设现状

广州市智慧城市在产业层面的建设主要是指智慧产业的发展状况。智慧产业是指直接运用人的智慧进行研发、创造、生产、管理等活动，是在智慧城市背景下，为满足城市持续发展以及居民工作生活需要，以智能、创新为基本特征，以提供指挥技术、智慧产品和智慧服务为内容的产业。广义的智慧产业包括以新一代信息技术为主体的智能基础产业，基于数据和知识的智能服务业，新能源、新材料、生物制药等战略性新兴产业，以及以智能技术为支撑的优势传统产业。狭义的智慧产业主要包括以高端电子和智能产品为主体的电子信息产业，以创意设计、网游动漫和企业信息服务业为主体的软件和信息服务业，以及物联网相关产业。

高新技术产业是智慧产业的重要组成部分，也是广州经济增长的重要引擎。近年来，高新技术产业已经成为广州发展战略性新兴产业的重要增长点和国民经济的支柱产业。图 4-11 给出了 2010 年广州市高新技术产品产值技术领域的分布情况。

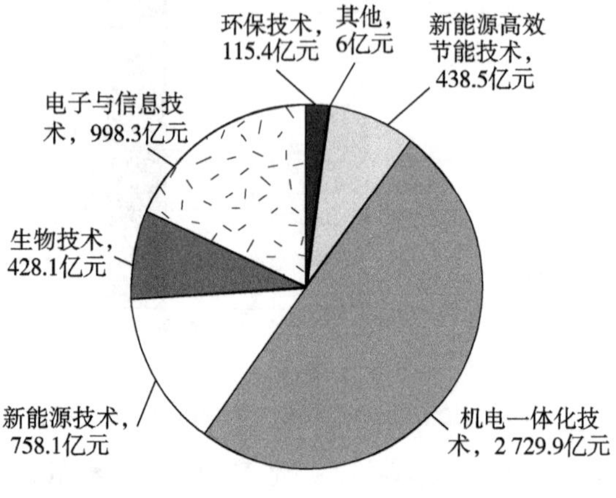


图 4-11　2010 年广州市高新技术产品产值技术领域的情况

图 4-11 中，广州市在机电一体化技术领域产品产值最高，为 2 729.9 亿元，其次是电子与信息技术领域，产品产值为 998.3 亿元，其后为新能源技术领域，为 758.1 亿元。由此可见，广州市在智慧产业发展方面初具规模。

如图 4-12 所示，随着规模以上工业总产值的稳步渐进增长，工业高新技术产品产值也稳步渐进增长。但是，高新技术产品产值在规模以上工业总产值中所占的比例也逐年增加，说明工业高新技术产品产值的增速要高于规模以上工业总产值的增速，而这种增长是缓慢的，每年的增长幅度不是特别大。

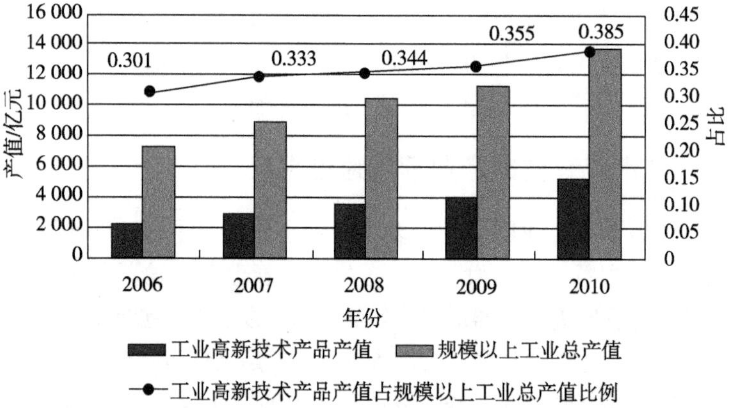


图 4-12　“十一五”期间广州市工业高新技术产品产值情况

图 4-13 中将广州市工业高新技术产品产值与广东省其他市进行了对比，结果表明，广州市与深圳市还存在较大的差距，广州市在高新技术产业方面还需借鉴深圳市经验。

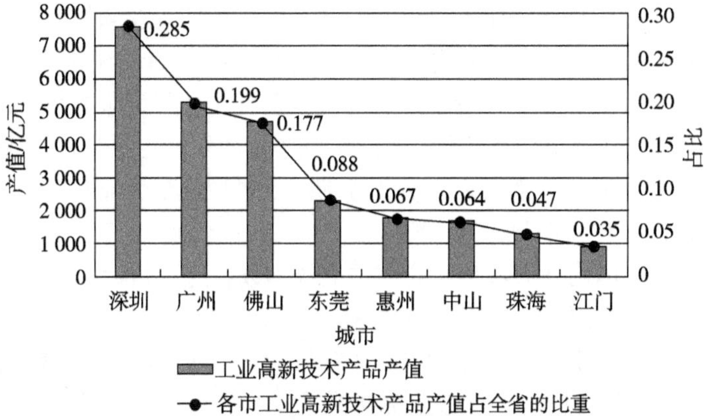


图 4-13　2010 年广东省内城市工业高新技术产品产值对比

此外，信息服务业和软件业也是智慧产业的重要组成部分，其发展情况在一定程度上能够表征智慧产业的发展现状。表 4-5 给出了 2008～2010 年广州市软件和信息服务业的发展情况。

**表 4-5　2008～2010 年广州市软件和信息服务业发展情况**

| 年份 | 软件和信息服务业收入/亿元 | 同比增长/% | 软件和信息服务业增加值/亿元 | 同比增长/% | 占第三产业增加值比重/% | 占 GDP 比重/% |
|---|---|---|---|---|---|---|
| 2008 | 980.5 | 21.1 | 438.42 | 16.50 | 8.97 | 5.29 |
| 2009 | 1 150.0 | 26.0 | 500.00 | 14.05 | 9.01 | 5.42 |
| 2010 | 1 400.0 | 22.0 | 583.25 | 16.65 | 9.02 | 5.50 |

如表 4-5 所示，软件和信息服务业总收入在 2008～2010 年逐年增加，在第三产业中所占比重也是逐年增加，但是增加的幅度不大。

通过分析广州市高新技术产业、软件产业和信息服务业的发展状况，我们得到如下结论：广州市智慧产业近几年来确有稳步增长，但是智慧产业的发展速度并不快。建设智慧广州，经济是基础，智慧产业的发展决定了智慧城市的建设步伐，因此，广州市需借鉴国内外、省内外各大智慧城市建设经验，促进智慧产业快速稳步发展。

### 4.2.4　广州智慧城市服务领域建设现状

城市公共管理和服务是智慧广州建设的核心领域，主要包括智慧的政府行政、智慧的医疗卫生、教育、安全防控、社会保障等方面的管理和服务，它是城市居民幸福感的直接影响因素。

首先，智慧型的服务政府是智慧广州建设的最直接体现。政府的高效运行极大地体现了智慧城市的行政服务价值。服务是一种基本理念和价值追求，服务型政府就是为社会服务、为公众服务，将政府定位于服务者的角色上，把为社会、为公众服务作为政府存在、运行和发展的基本宗旨。智慧型服务政府区别于一般政府的地方就在于，它除了政府体制上有所改变之外，更重要的是服务透明高效、信息公开，政府相关部门之间在业务衔接上更加简单、高效、合理，行政服务职能效率提高，作用明显。

表 4-6 列出了国内几大城市政府网站绩效指数，这一指标可以衡量政府政务信息化的程度，以及政府政务公开化的程度。从信息公开指数来看，广州的信息公开指数达到 88.00%，是几大城市中最高的；政府网站相互交流指数达到 82.00%，与深圳并列最高；日常监测指数为 82.00%，仅次于深圳。但是，用户调查指数为 31.00%，次于北京、苏州、上海。

**表 4-6　2010 年部分城市政府网站绩效指数对比（单位：%）**

| 城市 | 信息公开指数 | 政府网站相互交流指数 | 用户调查指数 | 日常监测指数 |
|---|---|---|---|---|
| 北京 | 80.00 | 80.00 | 35.00 | 76.00 |
| 广州 | 88.00 | 82.00 | 31.00 | 82.00 |
| 深圳 | 87.00 | 82.00 | 31.00 | 84.00 |
| 苏州 | 86.00 | 76.00 | 32.00 | 79.00 |
| 上海 | 78.00 | 78.00 | 35.00 | 74.00 |
| 杭州 | 85.00 | 72.00 | 30.00 | 73.00 |
| 天津 | 58.00 | 58.00 | 23.00 | 58.00 |
| 重庆 | 43.00 | 43.00 | 23.00 | 48.00 |
| 武汉 | 87.00 | 76.00 | 30.00 | 79.00 |

资料来源：中国软件评测中心发布的《2010 年中国政府网站绩效评估总报告》

如表 4-7 所示，广州市政府电子政务内外网覆盖率和网上办公普及率都达到 100%，此外，行政许可事项网上办理率达到 80%，公共服务事项网上办理率达到 87%，说明广州市政府网上办事效率确实很高。但是与之形成对比的是，市民对政府网站的满意度却只有 29%。这说明，广州市政府在信息公开和网上办事效率方面做得不错，仍然存在的问题是政府很可能没有了解公众的需求，公开的信息不符合公众的需要。

**表 4-7　2009 年广州市电子政务绩效指数**

| 指标 | 数值/% |
|---|---|
| 电子政务内外网覆盖率 | 100 |
| 政府网上办公普及率 | 100 |

续表

| 指标 | 数值/% |
|---|---|
| 市民对政府网站的满意度 | 29 |
| 公共服务事项网上办理率 | 87 |
| 行政许可事项网上办理率 | 80 |

其次，我们从社会保障、安全防控、医疗卫生等方面来分析广州市在服务领域的智慧建设情况，如表 4-8 和表 4-9 所示。

**表 4-8　2010 年广州市社会公共服务信息化情况**

| 指标 | 数值 |
|---|---|
| 市民持有社会保障卡人数/万人 | 142.3 |
| 市民电子邮箱用户数量/万户 | 207 |
| 全市发行电子证书累计/万张 | 12.7 |
| 应用数字证书企业网上缴纳税款额/亿元 | 436.8 |
| 网上增值税专用发票认证/万份 | 791.3 |
| 社区视频监控覆盖率/% | 55 |
| 主要公共场所视频监控覆盖率/% | 100 |

**表 4-9　2010 年广州市老年人社会保障卡使用次数**(单位：万次)

| 类型 | 交通刷卡 | 持卡医疗 | 作为诊疗 | 自助设备 | 借阅图书 |
|---|---|---|---|---|---|
| 次数 | 14 800 | 1 142 | 36.5 | 28.2 | 0.215 |

表 4-8 中显示，广州市社区视频监控覆盖率达到 55%，主要公共场所视频监控覆盖率达到 100%，可见，智慧广州在安全防控领域建设情况已经接近智慧城市的建设要求。市民持有社会保障卡人数达到 142.3 万人，此外，如表 4-9 所示，广州老年人社会保障卡的使用频率也非常高。2010 年，老年人社会保障卡作为交通卡使用次数达到 14 800 万次，持卡医疗使用次数达 1 142 万次，消费额度达 11.18 亿元，可见，智慧广州在社会保障方面比较能够从民生出发，比较注重市民的幸福感指数水平，这也是智慧城市建设的基本要求。

综上，从智慧型服务政府、社会保障以及安全防控等角度，通过数据材料分析了广州市在服务领域的建设情况，并认为从总体上讲，智慧广州在服务领域水平处于全国前列。但是，智慧广州建设任重而道远，广州市在服务领域的建设还会面临巨大的挑战。

### 4.2.5　广州市智慧城市人文领域建设现状

结构合理的人才队伍是智慧广州建设的重要支撑，是提升智慧产业竞争力的基础。国家、省、市层面都高度重视人才建设，2010 年 5 月，党中央国务院再一次召开全国人才工作会议，提出了新世纪新阶段我国人才工作和人才队伍建设的指导思想、工作任务和政策措施，全面部署了当前和今后一个时期的人才培养工作。2011 年 1 月广东省人才工作会议在广州市召开，会议动员全省各方面力量全面实施《广东省中长期人才发展规划纲要(2010—2020 年)》，实现广东省由人力资源大省向人才强省的历史性转变。2011 年 2 月广州市委、市政府批准并发布了广州市第一个中长期人才发展规划，即《广州市中长期人才发展规划纲要(2010—2020 年)》。这些人才工作会议的召开和人才发展规划纲要的制定显示了各级政府和领导实施人才强国战略的决心和力度。

智慧人才建设是智慧广州建设的重要环节，所谓智慧人才，是指智慧城市建设最需要的、智慧产业发展必不可少的人才。专业技术人员、R&D 人员以及科技创新高端人才能够较好地衡量智慧人才情况，因此，接下来要从专业技术人才、R&D 人员两个方面观察广州市人才建设现状，力求在现状中发现人才建设中存在的问题，并总结人才建设的经验，以促进智慧广州建设。

专业技术人员是指从事专业技术工作的人员以及从事专业技术管理工作且已经在 1983 年以前评定了专业技术职称或在 1984 年以后聘任了专业技术职务的人员。

图 4-14 显示了广州市以及北京市和上海市的专业技术人员情况。从时间维度来看，广州市专业技术人员总量虽有增加，但是增幅极小；从空间维度来看，广州市专业技术人员总量与北京市、上海市还有较大差距。此外，如图 4-15 所示，广州市城镇单位专业技术人员占广东省的 37.0%，占全国的 2.3%，广州市每万人城镇单位专业技术人员为全省的 3.89 倍，为全国的 3.92 倍。可见，广州市专业技术人员数量还是远高于广东省平均水平以及全国平均水平的。

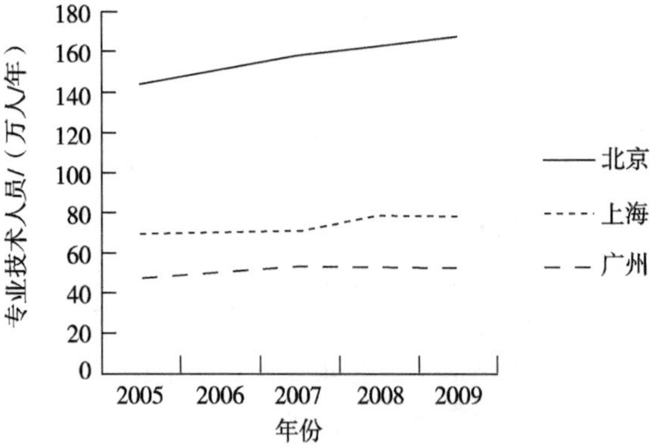


图 4-14　专业技术人员情况

R&D 人员是指参与研究与试验发展项目的研究、管理以及辅助工作人员，包括项目(课题)组的人员，企业科技行政管理人员和直接为项目(课题)活动提供

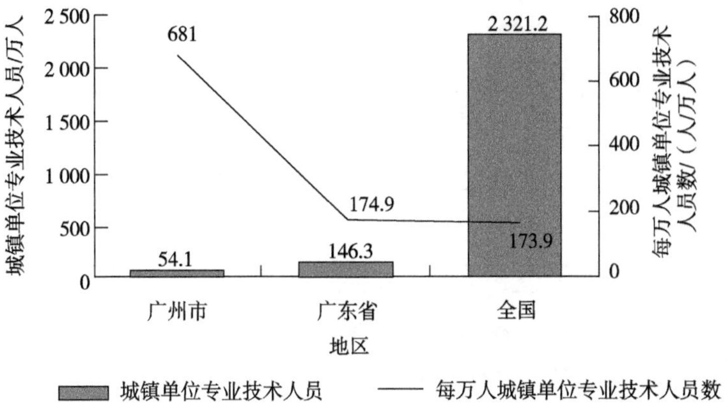


图 4-15　2009 年广州专业技术人员情况

资料来源：《广州统计年鉴》

服务的辅助人员，它反映投入从事拥有自主知识产权的研究开发活动的人力规模。图 4-16 和表 4-10 显示了广州市 R&D 人员建设情况。

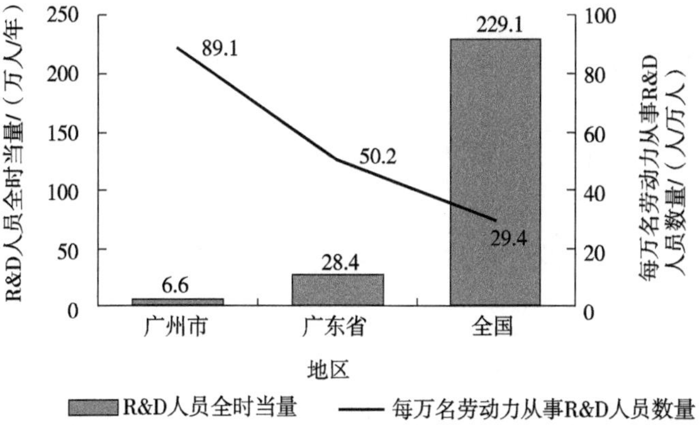


图 4-16　2009 年广州全社会 R&D 人员

**表 4-10　2009 年 R&D 人员排名前十的城市**

| 位次 | 城市 | R&D 人员折合全时当量/人年 | 每万名劳动力 R&D 人员/(人年/万人) |
|---|---|---|---|
| 1 | 北京 | 19.20 | 192.33 |
| 2 | 上海 | 13.29 | 124.82 |
| 3 | 深圳 | 12.37 | 178.63 |
| 4 | 广州 | 6.58 | 89.11 |
| 5 | 苏州 | 6.00 | 115.77 |
| 6 | 杭州 | 5.47 | 91.55 |

续表

| 位次 | 城市 | R&D人员折合全时当量/人年 | 每万名劳动力R&D人员/(人年/万人) |
|---|---|---|---|
| 7 | 西安 | 5.26 | 113.75 |
| 8 | 天津 | 5.20 | 76.85 |
| 9 | 武汉 | 4.64 | 99.10 |
| 10 | 南京 | 4.50 | 110.37 |

资料来源：2009年《全国第二次R&D资源清查报告》各市统计公报

图4-16及表4-10显示了广州市R&D人员数情况。广州市R&D人员全时当量占广东省的23.2%，占全国的比重为2.9%；广州市每万名劳动力从事R&D人员数量为全省的1.77倍，为全国的3.03倍。因此，类似于专业技术人员情况，广州市的R&D人员数也要远高于广东省和全国平均水平。但是，从表4-10中可以看出，广州市R&D人员在全国排名中仅排到第四名，落后于北京、上海和深圳，而且与第三名深圳的差距达到了5.79人年，而每万名劳动力R&D人员在这10个城市中是除天津外最低的一个，因此，广州市劳动力中的R&D人员数严重不足。

综上，从专业技术人员和R&D人员两个维度来考察的广州市智慧人才建设情况是，广州市智慧人才数量虽然远高于广东省平均水平和全国平均水平，但是与国内先进城市(如北京、上海、深圳等)相比，还相差太远。

## 4.3 广州市智慧城市示范工程建设情况

### 4.3.1 天河智慧城建设

近20年来，广州市天河区实现了前所未有的大发展：继北京朝阳中央商务区(central business district，CBD)、上海陆家嘴CBD之后，天河CBD成为经国务院批准的全国第三大CBD。天河CBD以珠江新城为核心，涵盖天河北及员村延伸区，是广州总部经济最发达、高端资源最为集中，同时也是现代化程度最高的区域。天河智慧城的提出，使得天河北成为继珠江新城之后天河区发展的“第二发动机”，与珠江新城形成南北呼应。

天河智慧城位于天河东北部，生态屏障以南、广州大道北以东、广园路以北，大观路以西大约63平方千米，可开发用地规模17平方千米左右，规划区内约一半用地为绿化、山体、水面，三分之一为科研教学用地。图4-17给出了天河智慧城的区域范围。

图 4-17　天河智慧城范围

1. 天河区建设智慧城的基础

1)经济基础

2011 年全年天河区实现地区生产总值 2 138.73 亿元，比上年(下同)增长 12.0%，总量位居全市首位，占全市生产总值比重为 17.4%。全年第一产业增加值 2.53 亿元，下降 7.1%；第二产业增加值 308.29 亿元，增长 11.5%；第三产业增加值 1 827.91 亿元，增长 12.1%，对全区经济增长的贡献率达到 85.9%。地区生产总值地均集约度为 15.57 亿元/平方千米。按常住人口计算，全区人均 GDP 达到 149 030 元(折合为 22 948 美元)。

2)社会基础

后亚运时代，绿色天河、和谐人居环境建设卓有成就。人民生活水平不断改善，居民年人均可支配收入位居国内同类型城区前列。2011 年，城市居民人均可支配收入 35 376 元，增长 12.6%，首次超越地区生产总值增速；农村居民人均纯收入 24 919 元，增长 11.9%。两项收入指标均位居全市首位。全区各项社会保险基金征收总额达 83.3 亿元，同比增长 51.9%。各险种参保人数达 354.1 万人次，增长 17.7%。社会福利事业持续发展。2010 年年末，全区共有社区服务设施数 600 个，社区服务中心 21 个；全年社会保障福利事业支出 1 183.32 万元，增长 3.7 倍。

3)产业基础

(1)产业结构。从产业结构看，三次产业比重由 0.1∶14.8∶85.1 调整为 0.1∶14.4∶85.5，第三产业比重较上年提高 0.4 百分点；从产业投资结构看，第三产业投资占全区投资的 88.3%，较上年提高 11.1 百分点，产业结构进一步优化。全年实现现代服务业增加值 1 390.23 亿元，增长 12.2%，高出全区生产总值增速 0.2 百分点，占地区生产总值的比重为 65.0%，高于上年同期 0.3 百分点，占第三产业增加值的比重为 76.1%。

(2)战略性主导产业。战略性主导产业加快集聚，产业核心竞争力进一步增强。四大战略性主导产业实现增加值 1 119.22 亿元，占全区 GDP 比重为 52.3%，占第三产业增加值比重为 61.2%。其中，现代商贸业实现增加值 234.27 亿元，占地区生产总值比重为 11.0%；新一代信息技术产业实现增加值 369.68 亿元，占地区生产总值比重为 17.3%；金融服务业实现增加值 277.92 亿元，占地区生产总值比重为 13.0%；专业服务业实现增加值 237.36 亿元，占地区生产总值比重为 11.1%。

(3)战略性发展平台。2011 年，天河 CBD 实现生产总值 1 503 亿元，占全市的 1/8、全区的 70.3%，每平方千米产值达到 120.24 亿元，是全区平均水平的 7.7 倍。全区市级以上金融机构 138 家全部落户天河 CBD，占全市近 70%；实现商品销售总额 6 276.25 亿元，增长 32.6%，占全区比重为 68.8%；实现社会消费品零售总额 369.45 亿元，增长 31.3%，占全区比重为 37.3%；实现其他服务业总产出 1 703.75 亿元，增长 22.7%，占全区比重为 64.9%。

2011 年，天河智慧城实现生产总值 182 亿元，占全区的 8.5%。智慧城核心区天河科技园和软件园的载体作用进一步凸显，品牌效应进一步扩大。2010 年全年，天河区科技园实现总收入 895 亿元，增长 20.9%，实现净利润 78 亿元，增长 20.4%，实际上缴税费总额 41 亿元，增长 17.4%；天河软件园实现总收入 911.23 亿元，增长 28.0%，实现软件收入 552.49 亿元，增长 30.0%，实现净利润 73.41 亿元，增长 28.2%，实际上缴税费总额 38.50 亿元，增长 20.5%。

天河路黄金商业大道汇聚了天河城、正佳广场、太古汇等一批高端卖场，高端商贸品牌集聚，沿线街道实现商品销售总额 5 915.78 亿元，占全区比重为 64.8%；实现社会消费品零售总额 351.02 亿元，占全区比重为 35.4%。

4)创新基础

(1)创新资源丰富。该区域内有华南理工大学、暨南大学和华南农业大学等 12 所高等院校，同时拥有国家、省、市科研机构 44 个，国家重点实验室 3 个。

(2)创新人才集中。该区域内在校大学生和科技创新人才总数超过三十万人；人才技术背景十分成熟，以新一代互联网、物联网、数字地理信息技术、云计算等为代表的新信息技术发展迅速。

(3)创新成果突出。天河区已经连续多年在专利申请量以及授权量上稳居全市第一位①。

---

① 以上数据来自《广州市天河区 2011 年国民经济与社会发展统计公报》，http://www.tjcn.org/tjgb/201207/25172.html。

2. 天河智慧城发展规划

近期——初期启动阶段(2011 年)。首先，启动智慧城体验区开发，重点推进“智慧城示范基地”及所在区域开发建设，重点推进“智慧城市公共管理及服务中心”建设，优先启动核心支撑平台项目。其次，进行区域道路交通系统及城市管网、城市网络等基础建设，使规划区带状结构性绿带基本建成。

中期——形态确立阶段(2012～2014 年)。进一步丰富和完善智慧城市核心支撑平台项目建设，逐步扩展三网融合、物联网、云服务、电子商务等应用领域。结合高唐园区的建设，逐步开发建设园区配套居住用地、商业配套建设，初步形成功能合理、配套完善的产业园区服务区域，同时，高塘园区逐步向北推进建设，可开始进行广汕路沿线的开发建设以及完成智慧城主公共中心、环火炉山的建设，同时，进一步进行绿化工程以及内部各主要道路的建设。

远期——规模开发阶段(2015～2019 年)。总结试点示范经验，全面推进智慧天河的建设。大规模开发高端人才居住配套项目，并同时完成智慧城市中心区的建设，各功能区块结合，水系—绿带协调共同成长，最终形成智慧城的规模形态，该阶段是智慧城成长发育并逐渐成熟的阶段。

远景——持续发展阶段(2020 年后)。随着智慧城建设的成熟，利用各种内外在因素，全面完善规划区内各项城市建设，实现智慧城的可持续发展。

3. 天河智慧城建设成果

天河智慧城建设自启动以来，已经经过了一年多的时间，首批启动的样板工程项目现已进入最后的冲刺阶段。智慧城建设自启动后分别完成了 22 个市区职能部门和 50 余家企事业单位信息化建设与成果调研，商谈接洽了 523 项相关内容与设备，展示设计方案经过 6 次讨论、确认与修改，最终确定可实施的详细方案。

(1)智慧社区建设。智慧社区项目坚持“智慧为民，服务到家”的理念，以社区服务站为载体，努力为市民提供一站式多元化服务。智慧社区服务站试点建设方案经过 8 次研讨修改后于 2011 年 8 月 8 日顺利通过专家评审，智慧社区首个试点服务站已在林和街华新社区启动建设。目前，场地布局、基本装修和主题 Logo 设计已完成，各平台建设和系统接入进展顺利。作为项目支撑框架的智慧社区云服务平台聚合了政务服务平台、健康服务平台、便民服务平台和互助服务平台四个子平台，可将政务等各类服务无缝推送至居民家庭。智慧社区云服务平台经过 5 次修改细化已完成平台基础功能的开发设计，以及与各服务系统的对接，现正进行深层优化；政务服务平台开发建设基本完成，即将与智慧社区云服务平台进行数据对接；健康服务平台已完成接口设计开发，即将进行联合调试；智慧社区便民、互助服务平台需求调研已完成，后台数据整合工作正在稳步推进中。另外，家庭智能终端、多屏互动控制器、智能管家也已研发开模，现正按计划进行样机试产。

(2)智能停车诱导系统建设。智能停车诱导系统通过智能探测技术，以多级信息发布为载体，与分散在各处的停车场实现智能联网数据上传，实时发布停车场(库)的位置、车位数、空满状态等信息，引导司机实现便捷停车，解决天河中心商圈停车难题。该系统对调节停车需求在时间和空间分布上的不均匀、提高停车设施使用率、减少由于寻找停车场而产生的交通拥堵、提高整个交通系统的效率、改善停车场的经营条件，以及增加商业区域的经济活力等将发挥重要的作用。首批参与建设的停车场包括天河城、正佳、万菱汇、维多利广场、太古汇和体育中心，项目建设的各项工作正在有序进行。项目组已与广州交通投资集团有限公司确认了技术接口方案，完成接口技术部分，准备进行调试；天河城、正佳、万菱汇、维多利广场四个停车场的车位信息已通过广州交通投资集团有限公司公司后台系统获得；完成了各诱导屏(7 个)的版面设计和体育中心周边路网的现场勘查，初步选定了诱导屏的安装地点，以及各个诱导屏对应的停车场设置；落实了项目产品技术对接，即将开始土建施工。

其他项目继续深化调研，并将陆续启动。智慧管城、政务云平台、公共信息资源数据库等重点项目正在进行最后的需求调研和方案调整。

### 4.3.2 南沙智慧岛建设

1. 南沙智慧岛建设规划

广州市南沙区处于珠三角经济区的几何中心，具有很好的地缘优势和区位优势：位于珠江出海口虎门水道西岸，是西江、北江、东江三江汇集之处，东与东莞虎门隔海相望，西连中山市。南沙地区是区域性水、陆交通枢纽，是亚洲枢纽型港口物流中心；水上运输方面，通过珠江水系和珠江口通往国内外各大港口；海上运输方面，距香港 38 海里，距澳门 41 海里；航空方面，周围有广州、香港、澳门等国际机场。

2011 年，《国民经济和社会发展第十二个五年规划纲要》首次把广州南沙区列入国家“十二五”战略规划，提出要在广州南沙新区打造服务内地、连接香港的商业服务中心、科技创新中心和教育培训基地，建设临港产业配套服务合作区。

2010 年 12 月 27 日，广州市政府常务会议讨论并原则通过了《广州南沙智慧岛建设战略规划》，提出建设南沙智慧岛，率先推进物联网等智慧技术的研发，对南沙智慧岛 2010～2020 年的发展进行了整体规划，即到 2015 年实现地区生产总值 1 000亿元，到 2020 年实现地区生产总值 1 800 亿元，初步成为“智慧广州”示范区、中国南方物联网技术创新和产业集聚地；2011 年，《广州南沙智慧岛建设行动计划(2011—2015)》出台，指明了南沙智慧岛的建设思路：顺应“智慧地球”及“智慧城市”发展趋势，按照科学发展、先行先试的要求，以智慧发展为主线，以深化粤港澳合作和国际合作为依托，以突破物联网技术为关键，突出率先加快转型升级和建设幸福南沙两大主题，全面推进基础设施智慧化、产业发展智慧化、公共服务智慧化和城市管理智慧化，促进智慧创新平台发展，重点加快推进《关于建立更紧密经贸关系的安排》(Closer Economic Partnership Arrangement，CEPA)先行先试示范区、智慧网络基础设施、智慧技术创新中心、云计算中心、智慧产业园、国际智能港、智慧企业总部、智能产品交易中心、国际智能社区、高水平大学、智慧政务示范、“智慧城市”论坛等项目建设，率先把南沙新区建设成为更透彻感知、互联互通、智能化的滨海新城和“智慧广州”示范区，为全面“打造一个新广州”奠定坚实的支撑，抢占未来经济社会发展的制高点。

因此，南沙新区是我国战略规划的一部分，是广州市南拓发展战略的重要节点，同时也是广州走向世界、走向海洋、建设滨海城市发展的重要版块，是推动穗港澳合作先行先试的重要平台。所以，站在世界潮流制高点上规划南沙智慧岛，是一项非常具有战略意义的创新性举措。

2. 南沙智慧岛建设优势条件

1)优越的区位

(1)地处珠三角的几何中心。南沙是珠三角海岸线的中心，位处广东大陆海岸线的中段，是东南亚沿海岸线一弯新月的弧心，南沙成为扼控珠江、连接沿海东西两翼之重地。

(2)毗邻香港、澳门。南沙区离港、澳两大经济特区都不到 40 海里，与之联系非常方便，所以南沙在招商引资，引进先进制造业、现代服务业，吸引高素质人才等方面都具有优势。

(3)珠三角东西两翼联系的枢纽。珠三角被虎门出海水道隔成东西两部分，犹如人肺的东西两叶，珠江干流似喉管。南沙区正好处在左右两肺叶与喉管的连接点上，这里已建成的及规划在建铁路、高速公路、城际轻轨、航道连接东西两翼，可以成为典型的交通枢纽。

2)富饶的自然资源

(1)港口资源。南沙最大的优势在于港口。其港口可以供 5 万吨级船舶和第四代集装箱船进出，日后通过进一步改进，可供 20 万吨级船只和第五代集装箱船通行，这样将使南沙具有十分便利的国际航运功能。

(2)土地资源。南沙区土地面积 544.12 平方千米，相当于广州市建成区的面积，约占香港面积的一半。南沙区全区现有居民 15.4 万人，属于城市中人口密度较小的地方。伶仃洋还有大片的浅滩，有较大数量可围填的土地，后备土地资源丰富。

(3)水资源。这里有东江、北江、西江三大江河的来水汇聚，总水量相当丰富。

3)良好的经济发展基础

2000年，广州市启动城市“南拓”战略，投资规模超过百亿元。此后，南沙基础设施建设突飞猛进，经济快速发展，南沙已从“万顷沙田”初步呈现出滨海生态新城的雏形。2010年南沙区国民经济发展情况如表4-11所示。

**表4-11 2010年南沙区国民经济发展情况**

| 指标 | 数值 | 同比增长 |
| --- | --- | --- |
| 地区生产总值/万元 | 4 856 820 | 17.08% |
| 第一产业/万元 | 139 510 | 4.95% |
| 第二产业/万元 | 3 914 415 | 18.35% |
| 第三产业/万元 | 802 895 | 14.48% |
| 固定资产投资完成额/万元 | 1 224 209 | −29.46% |
| 社会消费品零售总额/万元 | 452 651 | 38.81% |
| 港口货物吞吐量/万吨 | 12 330 | 11.56% |
| 集装箱吞吐量/万标箱 | 725 | 9.32% |
| 进口总额/万美元 | 650 958 | 76.42% |
| 出口总额/万美元 | 354 565 | 42.93% |
| 合同利用外资金额/万美元 | 94 501 | 57.37% |
| 实际利用外资金额/万美元 | 62 802 | 0.63% |

此外，广汽丰田、东方电气和中船龙穴等重点项目已在南沙区初具规模，奠定了汽车、船舶及海洋工程装备、核电及高输变电设备等机械装备制造基地的基础，打造了资讯科技园、霍英东研究院、广州现代产业技术研究院等一批科技研发平台。南沙保税港已经成为国家一类对外口岸，十个5万～10万吨级码头已建成投产，开通了连接北美、欧洲等地区的25条外贸航线，世界上最大的20大班轮公司已有17家进驻南沙。

4)良好的产业基础

2010年南沙区第一产业增加值为13.95亿元，增长4.95%；第二产业增加值为391.44亿元，增长18.35%；第三产业增加值为80.29亿元，增长14.48%。三次产业增加值的比重为2.87∶80.60∶16.53。

港口物流业发展状况：2010年，南沙区全区港口完成货物吞吐量1.23亿吨，增长11.56%；集装箱吞吐量725万标箱，增长9.32%。2010年年末，保税港区拥有集装箱班轮航线39条，其中国际航线26条，国内航线13条；全年累计航次达到4.87万次，增长39.09%。

国内商贸旅游业发展状况：2010年，南沙区实现国内商品销售总额146.27亿元，增长36.17%；社会消费品零售总额45.27亿元，增长38.81%。分行业看，批发零售业零售额35.91亿元，增长42.7%；住宿和餐饮业零售额9.36亿元，增长25.66%。成功举办了水乡文化节、妈祖诞文化旅游节、首届龙舟赛、绿道·水乡游、滨海欢乐节等具有岭南风貌、水乡风情和南沙特色的节庆活动。2010 年全年接待游客 380 多万人次，实现旅游综合收入 8.3 亿元。

5)创新基础

2010 年，南沙区政府共投入三项科技经费 7 330.45 万元，同比增加 1.07 倍。2010 年年末，全区共有高新技术企业数 16 家，是 2009 年的两倍。2010 年全区专利申请量达 314 件，增长 72.53%，其中发明专利 87 件，增长 1 倍；授权专利 217 件，其中发明专利授权 28 件，增长 64.71%。获得省市支持科技项目 11 个，增长 37.5%。珠三角地区规模最大的高亮度 LED(light emitting diode，即发光二极管)芯片生产研发基地已奠基，该项目列入"广东省现代产业 500 强项目"。国内规模最大的烟酰胺生产基地已竣工。东方重机的核动力装备工程技术研发中心被认定为市重点工程中心。华南理工大学 4 个研究中心已入驻南沙。

### 4.3.3　中新知识城建设

广州市中新知识城位于广州市区东北部(萝岗区北部)，距离广州城市中心区约 35 千米、广州新白云国际机场 15 千米。北面与白云区钟落潭镇接壤、南面为广河高速公路、东面与增城市中新镇相接、西面为帽峰山省级风景名胜区。总用地面积约 123 平方千米。知识城范围内现有的居民点由众多零散村庄聚居点组合而成。区内共包括 20 个行政村，村民约 4.5 万人。

1. 中新知识城建设规划

1)发展目标

(1)总体目标：打造引领广州、广东乃至中国产业高端发展，尤其是知识型经济发展新引擎；打造汇聚全球精英人才的人才高地；打造国际一流水平的生态宜居新城；打造中新战略合作的代表作品和杰出典范；打造国际化科技信息枢纽城市。

(2)阶段目标：近期目标(至 2015 年)——知识城建设初具雏形；远期目标(至 2020 年)——初步成为世界知识经济高地；远景目标(2020 年以后)——具有全球影响力的世界知识经济高地。

2)战略定位与战略规划

2010 年 8 月，《中新知识城概念性总体规划》获得通过，知识城总的战略定位是：立足珠三角，辐射华南，面向全球，服务全国，影响东南亚，努力建设成中国自主创新的先行区、知识经济的高地、推动珠三角产业转型的强大引擎。具体来讲，体现在以下几个方面。

(1)基于"井"字形快速交通骨架的轴向生长格局。根据基地南北狭长的带状谷地特征，构建沿谷地南北向拓展的城市骨架，塑造开放城市格局，有利于实现与周边地区便捷联系和整合发展。

为满足知识城与空港经济区、广州中心城区及大学城等重要城市功能节点的便捷联系和顺畅交流，构建“井”字形快速交通骨架，形成对外联系快速通道的同时，拉开城市发展的基础框架。

(2)遵从自然生态的蓝绿网络格局。着眼基地良好的山水环境特色进行蓝绿网络系统的构建。考虑到中部谷地的城市建设会对两侧山地生态系统的联系产生一定的阻隔，沿基地中部凤凰河与平岗河的分水岭建设两条东西向生态廊道，有助于生态保育和水源涵养，从而提升知识城生态系统的安全性。

(3)公共交通导向开发(transit-oriented development，TOD)的组团发展格局。考虑知识城的带状组团格局，采用“TOD”模式引导组团开发，结合轨道站点形成服务中心，打造串联于生长主轴的三大公共服务核心。另外，以生长主轴为中心向东西两侧依次递减的发展模式，可保持区内良好的生态环境。

2. 中新知识城建设基础

中新知识城建设在经济快速发展的萝岗区，具有很好的发展基础。

1)经济基础

2011年，萝岗区经济发展呈现三个明显的特点，即规模大、增速快、贡献高。

(1)规模大。据初步核算，2011年萝岗区实现地区生产总值1 602.9亿元，比上年增长14%，比全市增速高出3百分点，从2008年开始连续四年位居全市12个区县首位；完成规模以上工业总产值4 690.26亿元，比上年增长15.1%，比全市增速高出2.2百分点；按法人实际办公地口径实现固定资产投资352.16亿元，比上年增长13%，比全市增速高出3百分点；一般预算收入99.6亿元，比上年增长24.13%，同口径增长32.2%(比全市增速高出11.7百分点)；完成社会消费品零售总额147.01亿元，比上年增长20.02%，比全市增速高出2.9百分点。

(2)增速快。2011年，萝岗区生产总值、规模以上工业总产值、固定资产投资(按法人实际办公口径)三大指标均超额完成市委、市政府下达的增长13%、15%、12%的目标。各项经济指标增速全面超过市平均增速。

(3)贡献高。萝岗区工业增加值、工业总产值、税收收入、财政一般预算收入、出口、合同利用外资、实际利用外资等主要经济指标占全市比重一直位居第一位，为全市经济贡献最大。2011年，主要经济指标占全市比重进一步提高，其中地区生产总值、固定资产投资、一般预算收入三项指标占全市的比重超10%，分别为13%、10.3%、10.2%；工业增加值、出口总值、实际使用外资三项指标占全市的比重接近30%，分别为29.1%、28.5%、25.4%。

2)产业基础

产业结构逐渐优化。2011年，萝岗区三次产业比重为0.4∶78.6∶21.0，第三产业比重比2010年提高了0.8百分点，比广州市第三产业提高0.5百分点的比重高 0.3 百分点，第三产业提高的比重位居全市第三位。

3)社会基础

2011 年，萝岗区按常住人口计算，人均 GDP 预计达到 42 万元，比上年增长 5%，比上年同期人均 GDP 高出 3 万元，人均水平继续冠居全市各区县。

2011 年，萝岗区城镇居民人均可支配收入 35 241 元，高出广州市平均水平 803 元，比上年增长 12.4%，与萝岗区生产总值增速的差距由上年的 5.47 百分点进一步缩小到 1.63 百分点。农民人均纯收入 6 977 万元，比 2002 年增长 1.8 倍，年均实际增长率 8.1%，农民人均纯收入增速首次超过全区生产总值的增长速度，经济发展成果进一步向民生倾斜。

4)创新基础

自主创新竞争力强。2011 年，萝岗区财政安排科技发展专项资金达到 2.65 亿元。全区聚集 1 258 家科技企业，386 家研发机构，其中国家级、省级、市级研发中心和企业技术中心数量占全市 1/4 以上，专利授权量从 2005 年的 142 件增加到 2011 年的 1 936 件，2011 年专利授权数比上年增长 62%，其中 3 项专利所获中国专利金奖占全市的 60%。累计上市企业 25 家，占广州市的三分之一。22 个项目入选省现代产业 500 强，11 家企业被评为省自主创新 100 强。

此外，《全国第二次 R&D 资源清查报告》显示，2009 年萝岗区 R&D 人员 1.41 万人，占广州市比重为 15.6%。其中，大学本科及以上学历人员 3 314 万人，占全区 R&D 人员比重为 23.4%；女性人员 0.25 万人，占全区 R&D 人员比重为 17.5%。2009 年按实际工作时间计算的 R&D 人员全时当量 1.25 万人年，其中研究人员 0.28 万人年，占 22.4%。2009 年，全区开展 R&D 活动的工业企业 167 个，占规模以上工业企业的 21.7%。其中，开展 R&D 活动的大中型企业 65 个，占全部大中型工业企业的 37.1%①。

3. 中新知识城建设现状

1)知识城运作模式

知识城采取“企业先行、政府推动、市场运作”的运作模式，具体如图 4-18 所示。

中新双方已共同组建中新广州知识城投资开发有限公司(简称中新合资公司)，充分发挥企业高效运作实施、市场高效配置资源的优势，形成风险共担、共赢发展的机制。中新合资公司由广州开发区管理委员会直属国有企业与星桥国际新加坡私人公司全资子公司按照 50∶50 的股份比例出资组建，注册资本 40 亿元人民币。

企业先行：中新双方按 50∶50 的比例出资 40 亿元于 2011 年 9 月 15 日组建成立合资公司，充分发挥企业高效运作实施的优势，推进开发建设工作。

---

① 本部分数据来自《2011 年广州市开发区国民经济和社会发展统计公报》、《全国第二次 R&D 资源清查报告》。

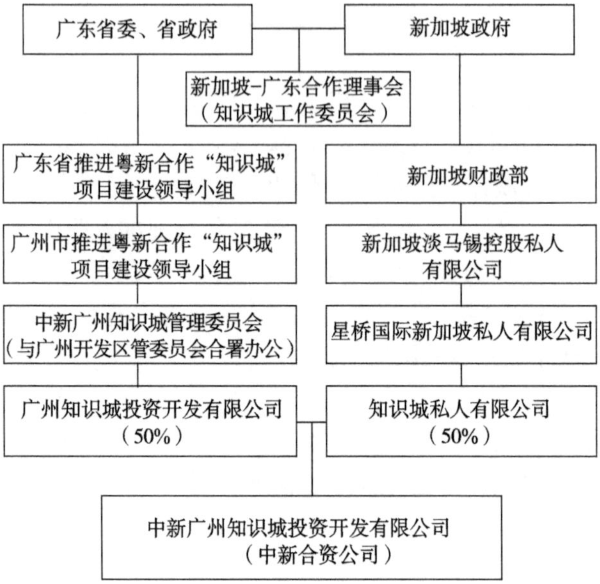


图 4-18　中新知识城运作模式

政府推动：中新双方中央政府层明确支持知识城项目；广东省、广州市均成立知识城建设领导小组，给予政策优惠、下放权限等方面的支持；在新加坡-广东合作理事会下设知识城工作委员会，协调解决知识城发展问题。

市场运作：在管理营运、招商活动、品牌打造等方面坚持市场主导，实现合作双方的互利共赢。

2)知识城建设主体

目前，中新知识城由中方广州开发区和星桥国际新加坡私人有限公司共同开发，各自发挥优势，共同缔造中新知识城，具体如图 4-19 所示。

建设主体中的广州开发区，是中国国家级开发区之一，经济总量、经济效益等主要经济指标居全国国家级开发区之首，它以广州 0.8%的土地面积，创造了全市 40%的工业利润、25%的工业产值、七分之一的地区生产总值和八分之一的财政税收。已聚集 6 000 多家中外企业，其中世界 500 强项目 108 个，高科技企业 1 300 多家。

作为另一个重要建设主体，星桥国际新加坡私人有限公司是新加坡淡马锡控股全资子公司其管理团队在开发和运营国际一流的园区方面经验丰富，曾成功开发并运作了苏州工业园、天津生态城等多个重大中新合作项目。

3)知识城建设现有规划和政策

(1)产业规划方面。知识城本着“重点突出，远近结合”的原则，按照《广州开发区关于加快推进重点创意产业发展的若干措施》、《广州开发区培育和发展战略

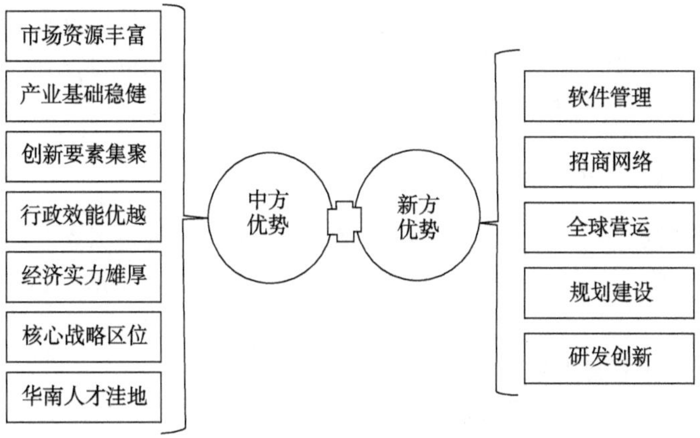


图 4-19　知识城建设主体

性新兴产业　进一步提升自主创新能力和产业竞争力的实施意见》等文件的相关要求，近期重点发展新一代信息技术产业、文化创意产业、科教服务业，重点培育新能源和节能环保产业、新材料产业、生物与健康产业，大力发展总部经济，形成以知识密集型服务业为主导、高附加值制造业为支撑、宜居产业为配套的产业结构，具体如图 4-20 所示。

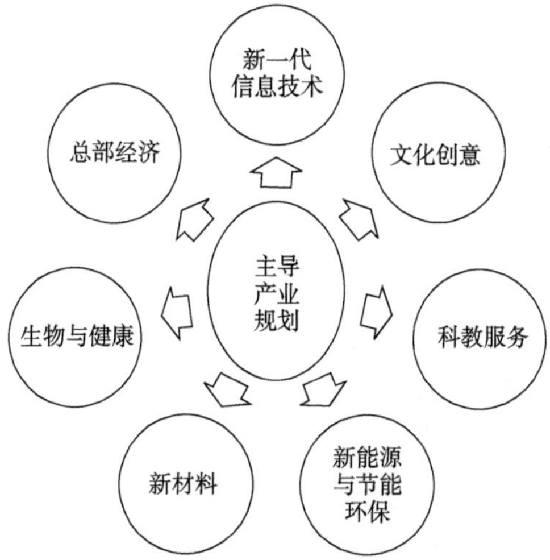


图 4-20　中新知识城现有产业规划

(2)人才方面。按照《广州开发区吸引科技领军人才实施办法》等相关文件的要求，中新知识城着重加强引进领军人才，尤其是新一代信息技术产业、文化创意产业等知识密集型产业和高附加值制造业等领域的领军人才，为建设中新智慧城积累集聚人才力量。

目前，虽然中新智慧城的建设日趋完善，但也有学者认为，目前该区域的生活配套服务设施仍需要一个比较大的提升，宜居性方面仍然比较差。而且，这种高端知识城的建设目前还缺乏经验，需要一定的时间去探索与完善，估计至少需要3～5年才能步入正轨。

### 4.3.4 智慧乡村建设

广州“智慧乡村”是全面贯彻实施“智慧广州”战略的重要工作之一，是智慧广州的战略组成部分，利用现代信息技术手段，搭建信息化服务平台，以推动广州市北部山区发展，是助力北部山区农民实现“信息技术改变生活”的重要举措。

1. 智慧乡村建设规划

智慧乡村在广州市的提出是在2011年，时任广州市长的万庆良书记做出了“建设智慧乡村要学习国内外先进经验，试点先行、逐步推开”的指示。其后，市政府结合陈国副市长带队到印度考察带回来的农业问诊经验，提出建设广州“智慧乡村”的构想，并要求市农业局牵头推进智慧乡村建设工作。针对广州北部山区农民信息不对称及缺乏农业知识和专家服务支持这两大问题，广州市农业局提出了广州“智慧乡村”的建设思路。通过开展大量的农村调研、多方的沟通协调工作，争取政策支持，推动企业参与，落实项目资金及基础设备支持，为智慧乡村建设有效推进提供了有力的保障。

2011年8月，市农业局、市科技和信息化局等单位联合签署战略合作框架协议，标志着广州“智慧乡村”迈出了关键的一步。8月，市农业局在增城东镜村、约场村、青迳村、榕树吓村以及从化五丰村开展试点村建设。2011年年底，5条试点村基本实现手机专家问诊、无线LED电子屏信息推送、农业电子商务网站应用三维立体的服务模式。五条试点村的示范作用，将带动北部山区8个贫困镇的农村信息化建设。图4-21给出了智慧乡村建设的具体发展规划。

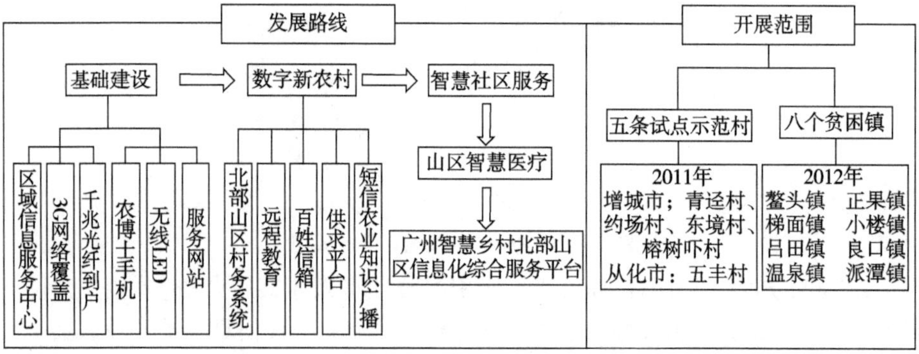


图4-21 智慧乡村发展规划及目标

2. 智慧乡村建设政策基础

2008 年 12 月《珠江三角洲地区改革发展规划纲要(2008—2020 年)》中提出要积极发展现代农业。要加快转变农业发展方式，优化农业产业结构，建立具有岭南特色的都市型、外向型现代农业产业体系；要统筹城乡发展，按照城乡规划、产业布局、基础设施建设及公共服务等一体化的总体要求，着力推进社会主义新农村建设，完善和提升城市功能，率先形成城乡一体化发展新格局。

2011 年 4 月，《广州市国民经济和社会发展第十二个五年规划纲要》提出要发展都市型现代农业，推动农业科技创新，加快向科技型、生态型、服务型和效益型农业转型升级，加快优化农业结构，建设现代农业基地，增强农业综合生产能力和区域服务功能，促进农业增长和农民增收。

2011 年 12 月，《关于实施“智慧广州”战略建设国家中心城市的意见》提出要以北部山区镇发展为契机，开展智慧乡村示范建设。实施“一管、五通”工程，集约化、高标准建设农村信息化基础设施，实现村通光纤、户接宽带。建立北部山区信息化服务平台，大力推广移动手机专家问诊应用模式。开展农村信息化培训，提高农民利用信息的能力，扩大农业信息服务覆盖面。实施“农户电子商务应用扶持工程”，培育壮大农民网商群体，实现农村与城市共享数字经济带来的便捷和商业机会，促进农村经济社会发展网络化转型。示范乡村建立社区医疗卫生信息平台，探索城乡互动的医疗协同应用新模式，缓解农民看病难、看病贵问题。

3. 智慧乡村建设成果

1)技术使用方面

首先是农博士的使用。农博士是新一代农业移动监控系统，可以使农民实现和专家的远程交流，该产品设计新颖，使用方便，实现了无人值守的监控目标，极大地方便了农业生产，并且设备成本低廉，非常适合我国农业生产应用，现在该设备系统已成功应用于农业领域的各个场合。图 4-22 是农博士手机终端软件使用界面。

目前，农博士还需要进一步完成包括“农博士”专家问诊、供求发布、信息浏览和短信定制等主要功能的研发工作，通过文字、图文、语音和视频等方式，一键式地将种养问题反馈到信息服务后台。这将极大地方便农民应对农业生产过程中出现的问题，更科学地进行农业生产。

其次是 LED 电子墙建设。广州智慧乡村建设 LED 电子墙是由广州市农业局、广州市科技和信息化局以及中国移动广州分公司联合支持的一个项目。每天，市农业信息中心根据各村种植特色，通过无线网络发布江南果菜市场等 13 个批发市场及四大零售市场的权威价格信息。农民只要站在家门口，就可以通过无线 LED 显示屏了解到最新价格信息、农资信息及农产品供求服务信息，有利

图 4-22 农博士手机终端软件使用界面

于更准确地把握市场动态。图 4-23 为农产品市场信息 LED 电子墙建设示例。

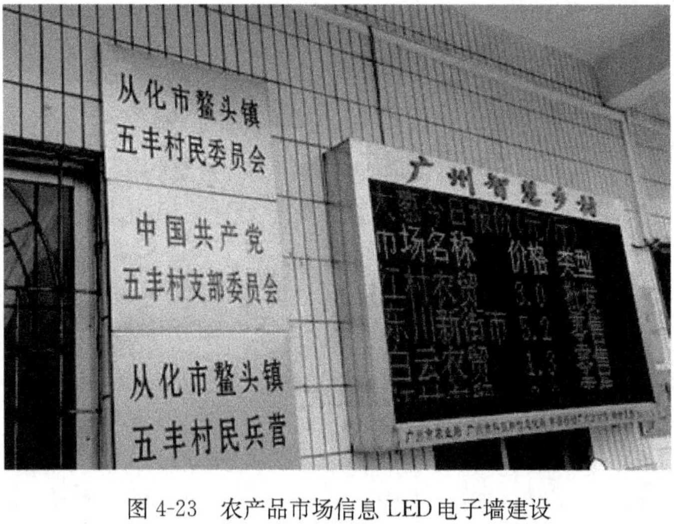


图 4-23 农产品市场信息 LED 电子墙建设

2）五条试点村建设情况

增城小楼镇青迳村：以乌龟养殖为主，针对乌龟养殖技术、市场行情、供求交易信息三个方面通过无线 LED 传播给当地农民，并且组织专家开展信息化培训，教会农民利用手机、电脑上网使用专家问诊、网上交易等信息化服务。

增城小楼镇东镜村：以黑皮冬瓜、迟菜心种植为主，针对市场行情、农资种苗、供求交易信息、种植知识三个方面通过无线 LED、农博士手机终端向当地农民提供智慧服务。

增城小楼镇约场村：以香薯、水稻为主要种植产品，通过无线 LED 向农民提供市场行情、农资种苗、天气预报等信息服务，并且在村委内设置信息化服务点，让农民能够通过电脑登录北部山区农产品供求平台进行网上交易。

增城派潭镇榕树吓村：根据当地情况，利用北部山区农产品供求平台联系各地采购商销售当地农产品，通过无线 LED 大屏幕向村民播放花卉价格、花卉种植与病害防治知识等智慧服务信息，实实在在地解决当地农产品销售难、种植技术落后的问题。

从化鳌头镇五丰村：派遣干部、农技信息员驻村服务，手把手教农民种植、施肥，提高当地农业产量和质量，再利用电子商务手段为农民包装促销当地特色农产品，提高村集体的经济收益。

总之，智慧乡村建设已经初见成效，这必将成为我国农业生产历史上的重大变革，但是智慧乡村建设还需要各级政府的政策支持以及农业技术领域的先进技术支撑，才能把试点建设坚持下去，并以燎原之势将成功经验推广开来。

## 4.4 现阶段建设智慧城市中遇到的制约因素与原因探讨

通过上文对广州市智慧城市建设现状的分析可以看出，广州市智慧城市建设已经取得了一定的成果，且与国内其他城市相比，广州市建设水平良好。但是，要实现“智慧广州”的建设目标，广州市还有很长的路要走，广州市智慧城市建设面临瓶颈，受到很多因素的制约。

### 4.4.1 缺乏务实的顶层设计以及有效的宏观指导

广州市虽然在智慧城市建设方面出台了各种文件，包括纲领层面文件、规划层面文件和实施层面的文件，但是，随着对各类智慧应用需求的不断加大，如城市无线网络的应用，将智慧技术融入交通系统、通信系统等市政设施，成为城市建设中不可缺少的一部分。目前广州尚缺乏一个实操性强、内容完整、具有高度指导性的智慧城市建设总体规划。由于缺乏统一指导和统筹协调，新兴产业、基础设施、城市管理流程等尚缺乏整合协同与标准规范，现代化信息网络设施建设没有与城市功能布局相结合，难以与传统城市基础设施间实现相互融合。各类建设规划缺乏整体性，彼此间沟通不够，协调不好，存在一定的盲目性，难以形成合力，造成资源浪费、效率低下，影响智慧城市建设的步伐。

### 4.4.2 技术发展不均衡，高科技含量技术成本高、普及率低

通过对技术层面的分析发现，广州市近几年的智慧城市相关技术确有不小的发展，但是这种发展还呈现出很明显的初级阶段特征，技术应用的领域和规模都存在一定的局限性。

1. 信息技术应用局限在一些简单的数据采集和数据传输上

智慧城市的技术体系架构包括智慧感应系统、智慧传输系统、信息处理平台和智慧应用系统。智慧感应系统和智慧传输系统是这一技术体系架构的基础，而信息处理平台和智慧应用系统需要更高的技术水平。目前，广州市技术应用层面还局限于简单地通过 RFID、监控等设施自动采集数据和上传数据到远程平台。而其他更加复杂的技术，如数据处理平台的建设等，应用还很少。

2. 技术水平的提高进入瓶颈期

首先是如何使得通信网络既能够容纳多方通信又能够保证有一定的性能。自动操作以后会在智慧城市的各方面中展开，可能要面对上千万，乃至上亿的海量节点，这就对通信网络提出了更高的要求(郦月飞，2013)。其次是如何做好海量感知信息的处理和管理，即如何完善平台处理技术。随着智慧城市建设的深入进行，对海量数据的存储、归类、处理和检索需求不断提高，需要平台处理技术的不断发展。

3. 高技术成本高、普及率低

信息基础设施建设是智慧广州建设最根本的物质基础，但是广州信息化基础设施建设目前面临着两个问题：首先，在智慧感应终端、智慧传输网络、智慧处理平台和智慧应用设施四大领域的智慧技术和产品均为高新科技产品，大多数尚处于实验阶段，研究开发风险很大；其次，即使是这四大领域中已经研制成功的技术和产品，也大都有着很高的生产和运营成本。因此，如何研制出性能优越且成本低廉的传感器是一大挑战。

### 4.4.3 投资力度不够，投资方向存在问题

目前，广州在智慧城市建设中存在着较大的投资和融资的“天花瓶”问题。一方面，由于大家对于智慧城市还不够熟悉，地方的理解还停留在表面，因此一部分财政性资金存在着投向不明、不能完全投出去的问题；另一方面，非官方资本往往因为担心报酬回收问题，而不敢进入智慧领域。因此，广州智慧城市建设中的资金来源比较单一，但是资金去向又不明确，即存在着“投不出去”和“投资来源不多”并存的“投资悖论”。要解决这个问题，广州市应当改善智慧领域投融资机制。

一是发挥政府资金引导作用，建设高效投融资平台。智慧城市涉及的软硬件环境建设需要大量资金，其所涉及的领域广、项目多、投资大，若按照“顶层设计”的要求，单靠政府投入很难支撑真正实现智慧城市的建设目标。因此，应把智慧城市建设的经济可行性放在突出位置，按照产业化的要求，通过培育一批具有“走出去”能力的市场主体和智慧城市产业集群，来拉动产业转型升级。期间，政府投资的角色是发挥“杠杆式”的引导作用：对于偏重公益和民生的项目，可以试点探索建设-经营-转让（build-operate-transfer，BOT）、移交-经营-移交（transfer-operate-transfer，TOT）等投资模式，鼓励财政性资金与社会性资金合资开发建设智慧基础设施等智慧公共物品；对于偏重市场和产业化的项目，政府投资主要是引导、吸引社会资本参与，组建专业化的投资公司，引导带动智慧城市建设各方面发展。

二是推动金融创新，吸收扩大民间资本投资。首先，可以通过各种优惠措施鼓励一些风险投资企业投资智慧产业，如政府可以给予那些直接投资超过一定额度或帮助智慧型企业成功上市的风投企业一定的物质奖励。其次，可以为智慧产业提供更优质的金融服务，如政府可以对那些大力发展以企业信用为基础的股权货知识产权质押等信贷创新产品的银行、金融机构给予一定的风险资金补贴，为智慧城市的建设提供资金支持。

### 4.4.4　智慧人才存在较大缺口

人才是智慧广州建设的灵魂。近年来，为了吸引人才入穗，市政府已实施“羊城学者”特聘岗位计划、“121人才梯队工程”、“创新创业领军人才百人计划”等人才引进计划。但广州市引进高端人才相对不足，现落户广州的两院院士，仅为上海的23%，北京的4%，广州入选国家千人计划海外高层次人才36人，是上海的28%，北京的12%，很多科技创新人才聚集在高校和科学院校而非企业，科技成果转化为生产力从而推动产业发展的能力与深圳、苏州具有明显差距。

此外，2010年广州在百万人口大专院校在校学生数为8.53万人/百万人，超过北京、深圳、上海，广州高等教育的基础条件良好，但是专业技术人员占就业人员比重为7.31%，这一比例低于北京、深圳、上海。究其原因，一方面是广州产业结构偏低，企业科技研发活动不足，专业技术人才无用武之地；另一方面，企业和科研院所合作缺乏有效性，产学研各主体以及各主体与市场之间的交流不充分，也使得广州的人才资源没有得到充分利用。由于科研人员没有在思想上高度认识科研成果的转化问题，科技成果转化系统本身又有各种不足，很多科研人员只是满足于发论文，科技资源共享性不高。尽管广州市拥有全省最雄厚的科技资源，但较多科技资源仍为低水平运作，科技资源信息渠道不通畅等是导致这一问题的主要原因。

### 4.4.5 政府功能发挥不够

智慧城市建设是城市发展和先进技术相结合的新型城市建设理念，在实践中需要建立与之相适应的新型城市运行方式，要求在政府的城市管理体制机制方面进行重大创新。目前，广州仍然保持的是传统管理体制机制，管理手段和管理方式简单落后，先进技术运用仅停留在行政办公、窗口办事、网上展示等操作层面，没有利用信息化手段进行组织流程、运作机制等深层次问题的彻底变革，导致智慧城市建设缓慢，推进效果不明显。

智慧城市结构可以分为两个层面：一个是经济层面，又包括技术层、产品层、产业层，对应地方政府的机构职能；另一个是信息化层面，又包括概念层和实践层，对应信息化委员会的机构职能。

首先，对于智慧城市第一个层面的发展，政府应该通过行之有效的方法支撑技术创新和产品研发，并且创造和提供可供实践的领域空间，如智慧政务、智慧医疗等，以推动智慧产业发展。地方政府必须有能力提供多重保障，如组织保障、人才保障、资金保障、政策保障和财税保障。其次，在第二个层面，政府要促进信息化建设从概念走向实践。市场力量最终决定了信息化产业的产品和技术的革新，但是政府可以在众多的技术和产品之间做出正确选择，锁定可以培育发展的新兴产业，在产业的培植期采购成长型企业所提供的新型产品，并应用于影响国民经济和社会发展的领域，以实现缩短信息化从理论到实践的周期。

# 第 5 章

# 广州市智慧城市运行机制研究

智慧城市的规划与建设是长期的系统工程和战略，是一个自下而上的系统性的完善和协作的过程，智慧城市的各个环节相辅相成，各个要素相互作用、相互促进，形成一套完整的智慧城市运行机制。

在广州市第十次党代会中，时任广州市委书记万庆良提出要加快建设智慧广州，加强智慧城市设计，构建智慧城市"树形"结构，推进城市数字化、网络化和智能化。智慧城市"树型"结构如图 5-1 所示。他强调，要植好智慧城市"树根"、养好智慧城市"树干"、壮大智慧城市"树枝"、培育好智慧城市"树叶"。而智慧城市"树根"、"树干"、"树枝"、"树叶"的培育离不开各种运行机制的相互配合。

在第 4 章对广州市智慧城市的发展现状进行分析时，我们发现虽然广州市在基础设施、产业领域、服务领域以及人文领域建设上不断加强努力，但仍有一些制约广州市智慧城市建设的瓶颈或不利因素。为了建设智慧广州，必然要将这些因素一一化解。基础设施好比人的双腿，没有基础设施的奠基，智慧城市的建设就如同"空中楼阁"；而技术水平、产业发展(包括方向、结构等)直接影响了智慧城市的建设效率；政府需要做的就是对智慧城市这一棵大树进行培养，即对智慧城市建设中的各个要素、环节进行管理与协调。所以说，确立一套有效的运行机制，包括投入机制、技术供给机制、产业发展机制以及对整体规划的管理与协调机制，是保证智慧城市建设有条不紊地进行的必要条件。

本章将着重对智慧城市建设中的基础设施投入机制、技术供给机制、产业发展机制以及管理与协调机制展开研究。

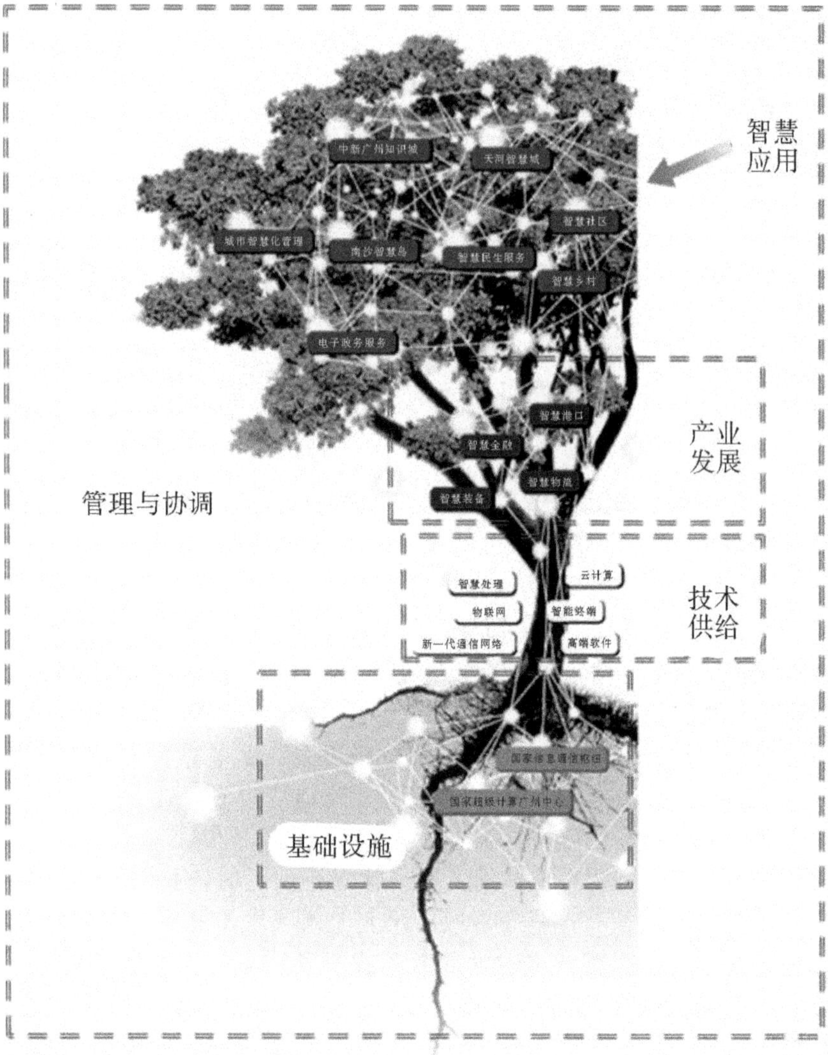


图 5-1　智慧城市“树形”结构

## 5.1　智慧城市投入机制

### 5.1.1　基础设施投入的作用

基础设施作为保障城市经济活动正常进行的公共服务系统，是社会赖以生存和发展的一般物质条件，在智慧城市的建设中发挥着不可或缺的作用。在我们所研究的智慧城市基础设施中，一般可分为新一代信息网络设施、公共服务平台以及城市基础设施三部分(杨冰之和郑爱军，2012)。它们分别在保障智慧城市建设中扮演了不同的角色。

(1)新一代信息网络设施包括宽带网络、下一代通信网、物联网、“三网融合”及云计算等。智慧城市，其中一个最突出的特点便是高度发达的信息网络和智能技术，新一代的信息网络设施是实现智慧城市“智慧”的有力支撑，为智慧化提供技术上的支持。信息网络设施建设的好坏，直接关乎智慧城市建设的成败。

(2)公共服务平台包括云计算中心、信息安全服务平台及政府数据中心等。公共服务平台通过对信息资源的整合进行数据分析，对政府的决策提供支持，对企业提供智能分析，对市民生活提供便利，最直接地服务于智慧城市的发展运营。

(3)城市基础设施在这里的含义为智能化转型后的城市基础设施，包括水、电、气、热管网以及道路、桥梁、车站、机场等智能化建设后的设施。水、电、气、路等直接关乎生产与民生，是城市生存和发展、顺利进行各种经济活动和其他社会活动必须具备的工程性基础设施和社会性基础设施，对生产单位尤为重要，是其达到经济效益、环境效益和社会效益的必要条件之一。智能化建设后，城市基础设施将大大提高生产、生活效率，为智慧城市建设加速。

### 5.1.2 广州市基础设施投入机制

广州市“十二五”规划中明确指出要建立智能型基础设施，以物联网、下一代互联网、新一代宽带无线移动通信等重点信息技术应用为突破口，以传感网、互联网、通信网、广播电视网等多网融合为基础，构筑宽带、融合、安全的智能型基础设施。

1. 资金筹措机制

基础设施的投入是一项巨大的工程，包括对现有设施的改造以及引入新设施，资金的需求量较大。前面章节介绍了广州近年来对基础设施的投入呈现不断增加的趋势，在信息基础设施建设方面基本实现了信息广州，并构建了一系列公共服务平台，推进市政公共设施建设与改造，这些举措都是在广州经济飞速发展的前提下进行的。目前，广州市进行基础设施投资的资金来源主要有4种。

1)政府划拨

政府通过在本年度预算中安排资金进行基础设施投入，是智慧城市基础设施投入资金的主要来源，根据世界银行的研究报告，发展中国家的政府投资占基础设施全部投资的90%以上。2008年起，广州市对市政公用设施建设资产投资不断增加，如图5-2所示。广州亚运会期间，政府共投入城市重点基础设施建设资金1 090亿元，对城市道路、桥梁、地铁等城市基础设施进行建设改造，对环境进行综合治理。此外，还着重投资建设了一大批基于信息技术的先进调控系统，如立体安保系统、交通调度指挥和服务系统、数字集群指挥调度系统等。2012年，政府将安排40亿元财政资金推进中新广州知识城基础设施建设，还将启动涉及智能电网、智能交通、智能楼宇、绿色医院、绿色学校等7个方面的项目，并在五年内投入400亿元进行基础设施建设。

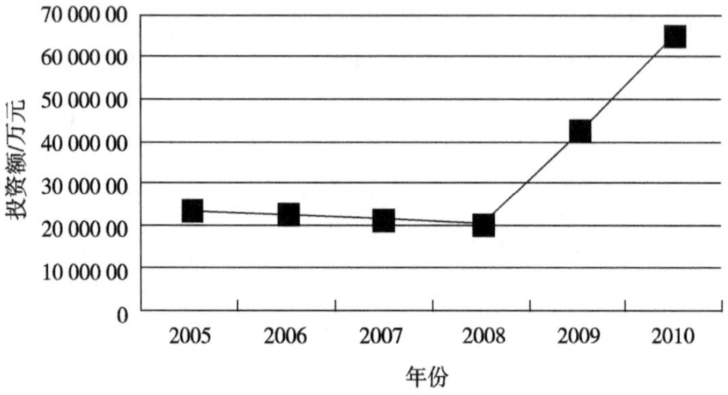


图5-2 广州市市政设施建设资产投资额

2)银行贷款、债券筹资

银行贷款长期以来都是基础设施建设资金的第二大来源，银行对基础设施建设项目发放的贷款也在逐年增加，但由于银行体制改革等问题的影响，银行的商业性质越来越突出，对贷款项目的审查也越来越严格，银行往往注重建设周期短、资金规模需求小、短期利润高的项目的贷款，而基础设施项目资金需求大、建设周期长、有较大的风险项目，银行的贷款积极性不高，这种矛盾长期存在，悬而未决。智慧城市基础设施投入资金的另一个来源是债券筹资，通过发行债券，解决基础设施建设资金短缺、资金成本问题，充分利用我国社会充足的闲散资金。以市场手段建设城市、向市场募集基础设施建设资金的方法，近年来广州也在逐步采用该方法。2010年，广州市首次为城市建设发行28亿元公司债券，成功完成筹资，自此，广州市进行城市建设时除了使用财政资金外，多了一个向市场筹集的新渠道。

3)企业投入

企业将自留收益提取部分资金参与基础设施的建设工程，企业投入包括外资投入以及民营资本投入，合理利用外资来弥补城市基础建设资金缺口是一项互利的明智之举，而随着国家颁布《国务院关于鼓励和引导民间投资健康发展的若干意见》(简称"新36条")、"新36条"实施细则，城市基础设施投资准入制度放宽，民营资本也逐渐在基础设施投入中崭露头角，未来民营资本必将成为建设智慧城市的重要融资来源之一。但企业参与基础设施投资的逐利性很明显：为了得到政府补贴、享有对基础设施的优先使用权，或为了在社会上留下好名声。基础设施投资的方向也往往与企业自身发展有关，2011 年，京东集团计划投资 8 亿元在广州中新知识城投建一个物联网基地，建设面向全国的集电商、仓储配送、物流增值服务、物联网研究应用、金融结算等于一体的综合交易平台，承担着京东未来云计算与物联网应用的基地功能。不过，这种类型的基础设施投资的公共性较差，有些甚至可以视为企业资产。

4）自筹资金、社会资金

城市基础设施建设的自筹资金主要有土地的租赁收益、向市民和单位收取的城市建设维护费、基础设施有偿使用费、基础设施配套费等，但由于土地紧缺、成本上升等，土地租赁收益减少，而收取的各种城市基础设施费用有限，导致城市自筹资金在城市基础设施建设投入额中所占比例很小，不能成为资金的主要来源。社会资金指社会各方人士以捐赠、慈善的方式募集资金，部分投入基础设施的建设，相对于智慧城市基础设施的需求资金，可以说是杯水车薪。

目前，广州市在智慧城市基础设施投入资金方面资金的主要来源还是政府的划拨经费，银行贷款、债券筹资机制尚在起步，企业对基础设施的投入往往基于自身利益而进行，这种投入是短期且少量的。自筹资金、社会资金在基础设施投入方面更是少之又少。

2. 广州基础设施投入机制改善建议

1）扩展资金的来源方式，调整资金来源结构

要使智慧城市顺利运行，基础设施的作用是长期有效的，资金的需求量巨大。现有的资金来源较少，政府在基础设施的投入中起着主要作用，受政府的财力、预算限制，资金的投入可能会出现力度不够的状态。智慧基础设施的建设是一项惠民的工程，智慧便捷的基础设施能极大地提高企业的生产效率，给市民带来生活上的便利。

对比发达国家基础设施建设，其基础设施的水平普遍较高，形成了一套完善的基础设施投资体系。从西方国家的基础设施建设融资经验来看，主要有政府财政投资、发行市政债券、银行贷款、利用私营部门资金、国有企业部分经营权的出让、私人资本直接投资等。国内也有一些城市的做法值得借鉴，如江苏常州将可由社会办置的市政公共事业均交予社会办理，政府只进行规划和宏观调控，并给予必要的扶持；上海不断提高民间资本占城市基础设施建设总投入的比例，在高速公路方面，民间资本占七成左右；深圳将除国家规定限制开放的领域外的经营性领域投资全部实现对社会资本开放。

在基础设施建设方面，需要依靠各方的资金投入。不仅在广州，甚至在我国，政府一直占据着资金投入的绝对主体地位，广州市应在以后的投入中，注重调整资金的来源结构，逐步减少政府财政投资占总体筹资的比例，引导、鼓励民间资本进入经营性基础设施行业，并积极寻求其他资金筹集渠道，解决基础设施

建设资金不足问题。

2)优化投入方式，提高决策效率

虽然各个地方不断进行投资体制机制改革，但我国的政府决策效率低下仍是不争的事实。智慧城市建设项目落实以来，政府投资决策需要经过市政府层层审批，经过财政投资评审中心、融资担保中心、财政监管局等机构的批示才能落实投资，而冗余的审批进一步加剧项目资金的匮乏，拖延项目的实施。因而在旧的投资体制机制基础上，不断完善，建立新的、简明有效的投资制度是相当重要的，为促进广州市智慧基础设施建设，在投资决策方面应提高决策效率，缩短决策周期，成立专门的智慧城市相关项目审批委员会，在具体的运行方面，应做到统筹规划，优化配置，明确职能部门责任，优化冗余的审批流程，最大限度地为智慧城市建设服务。

此外，政府直接的资金拨付仍是对智慧城市基础设施项目投资的主要方式，而发达国家多年的实践经验表明，相比直接投入，间接投入是较为理想的政府投入方式。基础设施建设项目资金需求大、建设周期长，行业内企业更需要长期的扶持，普遍的做法是采用类似高技术行业的税收让利制度，降低企业的投资风险。广州市在市政设施建设行业也出台了一系列的税收优惠措施，但支持力度不够大，企业从事公益性基础设施建设的动力不足，而智慧城市的基础设施具有较强的公益性，这将导致税收优惠政策实质上的乏力。市政府应在今后的措施中发挥税收优惠政策的指向性作用，引导企业从事与智慧城市建设息息相关的基础设施建设，对耗资大、周期长的智慧基础设施给予强有力的税收让利。具体的智慧城市投入机制设计如图 5-3 所示。

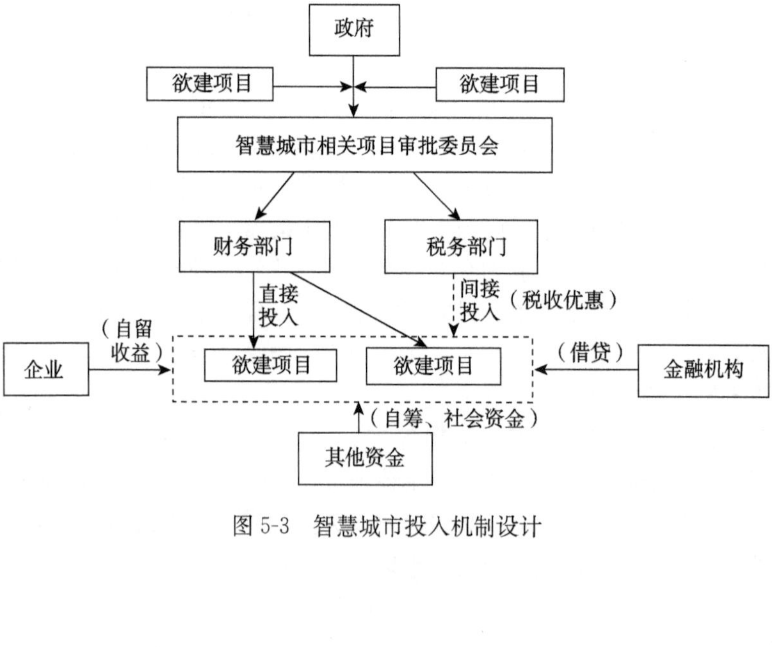


图 5-3 智慧城市投入机制设计

## 5.2　智慧城市技术供给机制

智慧城市是由互联网、物联网等新一代信息技术支撑起来的城市形态，其核心是充分运用现代信息通信技术，对信息和资源进行整合，提升城市的"智慧"能力。纵观各国智慧城市的建设、运行，可以发现技术的成熟性不仅是构建智慧城市的必要前提，而且深深影响着智慧城市的运行效率。因此，建立完善的技术供给机制是将广州市建设成一座智慧城市必不可少的重要措施。

### 5.2.1　广州市智慧城市技术供给现状

我国的技术供给问题在长期以来都是相当突出的，对产业进行技术供给通常采用的方法有两种，即技术引进和自主创新。

1)技术引进

在智慧城市的建设方面，我国技术虽日见成效，但相对于处于技术发展前沿的国家来说，由于知识积累及经济条件等的约束，我国无法在短时期内像技术发展前沿国家那样具备智慧城市建设所需的成熟技术与创新能力，技术引进自然而然成为我国对智慧城市进行技术供给的一项重要手段。

近年来，广州市积极谋求与发达国家智慧城市进行技术合作，2011 年起，中新广州知识城开展了一系列的联合招商活动，2011 年 11 月下旬，广州市萝岗区委书记凌伟宪带领中新联合招商团队赴阿联酋和欧洲等地开展中新广州知识城智慧城市全球招商，旨在借鉴世界发达国家建设智慧城市的先进经验，加快引进一批世界 500 强国际高端项目，谋划在知识城建设世界一流的智慧城市。

2)自主创新

长期以来，我国的科技与经济存在严重的"两张皮"现象，一方面，我国的高技术产品基本依靠国外的先进技术，另一方面，国内科研机构、高校的研究成果的利用率不高。要解决这些问题，技术能力的结合是关键，这就需要加强产学研合作，协同创新。

技术基础设施(主要是信息技术基础设施)的建设不仅与国际竞争力密切相关，而且是智慧城市建设的关键因素之一。作为国内一线城市，在建设智慧城市方面，技术的需求大部分是共性技术的需求，即对整个行业或产业技术水平、产业质量和生产效率都会发挥迅速的带动作用，具有巨大的经济和社会效益的一类技术(李纪珍，2005)。这种技术具有较强的外部性，使得共性技术的供给可能在完全的市场下失灵，政府必须对此予以扶持。市政府从财政收入中划拨一部分资金作为共性技术创新资金，通过成立科研项目，集结高校、科研机构、企业，以单个或者多个组成项目组织、技术联盟、技术平台和科研基地形式，进行技术攻关。

而对于企业的专有技术则通常是企业筹集资金，通过自身研发团队的研究进行技术供给，或者与高校、科研机构进行产学研合作，以契约关系为基础，明确各参与主体的责、权、利关系，产出的科研成果由企业垄断，形成专有核心技术。广州市自主创新技术供给模式如图 5-4 所示。

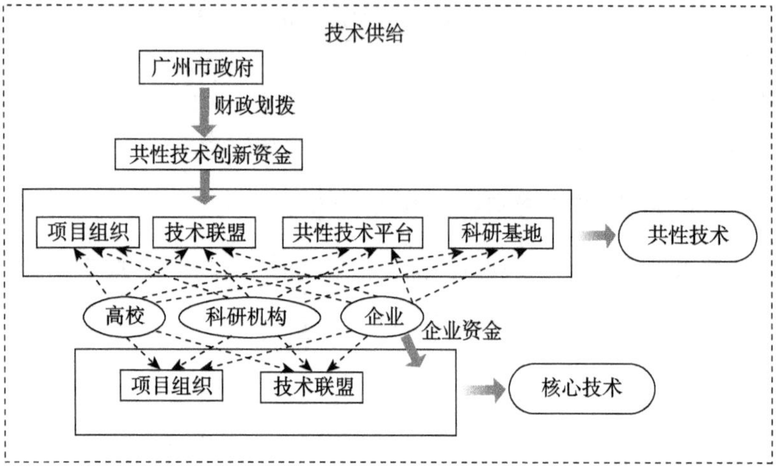


图 5-4 广州市自主创新技术供给模式

### 5.2.2 广州市智慧城市技术供给不足之处

1)共性技术供给主体缺乏，供给方式单一

从目前广州市的技术供给架构可看出广州市技术供给仍存在着一种供给通病，即共性技术投入少、自发性弱的特点。共性技术较多依靠政府科技攻关计划，通过财政收入资助，再由企业、高校、科研机构一同研发。在共性技术方面，企业的开发力度不够，较多是由专门的科研机构完成。这种做法必然会导致一些缺陷，一方面，政府的财政资助有可能存在选择性偏见，政府选择资助特定主体从事共性技术的开发，而这些主体往往会选择与自身密切相关的技术进行开发，而不会基于整个智慧城市系统的需求进行选择，这就造成政府资助项目所产出技术的技术扩散效益不高，不少未获得资助的企业享受不到共性技术带来的技术进步。另一方面，共性技术政策、发展的战略仍处于起步阶段，政府所支持的共性技术研究项目分散于各部门负责的科技攻关计划中，导致承担的主体相对发散，重点不明确，因而共性技术的研究多是由行业性质的科研机构来承担。

2)研发投入力度不大，技术引进消化吸收效率低

为了促进技术进步，广州市近年来不断加大对财政科技投入以及技术引进的经费支出，2003 年广州市财政科技拨款 10.91 亿元，到 2009 年增长到 32.36 亿元，但与北京、上海、深圳等经济总量与广州接近的城市相比，广州市的财政科

技投入以及增长速度差距很大，2006～2009 年，北京、上海、深圳三地的年均地方财政科技投入分别是广州的 3.05 倍、3.63 倍和 1.95 倍，各年度情况与均数情况接近。在年均增长速度上，广州不仅低于经济总量相近城市，而且还低于一些经济总量落后城市，低于深圳 23.42%、杭州 23.34%、南京 20.33%、武汉 18.69%、北京 15.23%和天津 2.2%。2010 年，广州市地方财政科技拨款统计调查报告显示，从拨款用途来看，注重技术研究与开发，而基础研究和应用研究投入较少，财政拨款用途分布情况如图 5-5 所示。

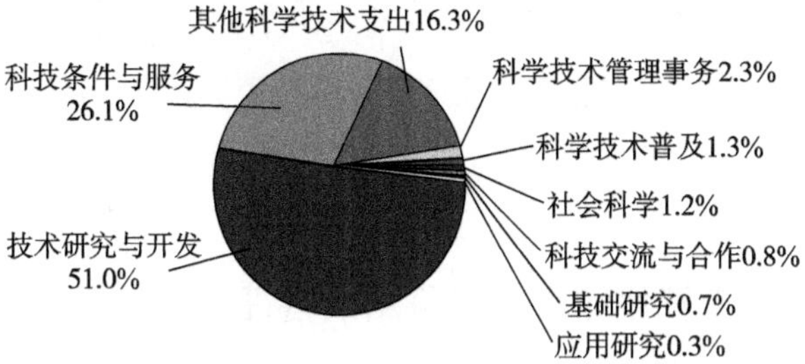


图 5-5　2010 年度广州市财政拨款用途分布情况

根据统计局对各企业科技活动的审查，2006～2009 年，广州市在技术引进上的花费从 2006 年的 5.66 亿元增至 2009 年的 51.99 亿元，增幅巨大，且技术引进费用远大于消化吸收经费。在引进方式上，对成套设备、关键设备以及生产线的引进占了技术引进量的很大份额，但这种引进方式不能从根本上解决智慧城市建设中的技术问题，只有配合以消化吸收，引进的技术才能长久地为智慧城市建设、运行所服务。据初步统计，我国每花 1 元钱引进技术，只用 0.07 元进行消化吸收和技术创新。而工业化成长时期的日本、韩国，是花 1 元钱引进技术，花 5～8 元进行消化吸收和技术创新。

3）自主研究成果利用率不高

由科研机构、高校为主体完成的研究，主要注重技术成果的先进性，对中间试验和产业化环节缺乏投入研究，这易造成技术成果与实际需要脱节。但即便是企业愿意与科研机构、高校进行共同研发，重点也较多是针对企业的核心能力进行新产品、新的专有技术的开发，而不是服务整个智慧城市建设的共性技术。此外，目前广州市虽然开展了一系列的企业、高校和科研机构的产学研合作，但尚未形成一套完备的合作创新机制，各主体之间的资源整合度不高，且主体之间缺乏联动，导致产学研合作在很大程度上是一个“空架子”。广州地处华南，有雄厚的人才实力，各大高校、科研院所的 R&D 实力位居全国前列，市政府、企业每年的 R&D 投入稳定增长，2006～2010 年，广州市国家级开发区企业 R&D 经费支出在几年之内连翻几番，如图 5-6 所示。但各主体之间无法形成高效的合作，这其中有根本的原因，即协同创新的机制问题。由于各方主体的逐利性，以及资源分配、管理、使用的纵向化，所谓的“合作”无法形成全面、深入的横向的“面”上的交互。

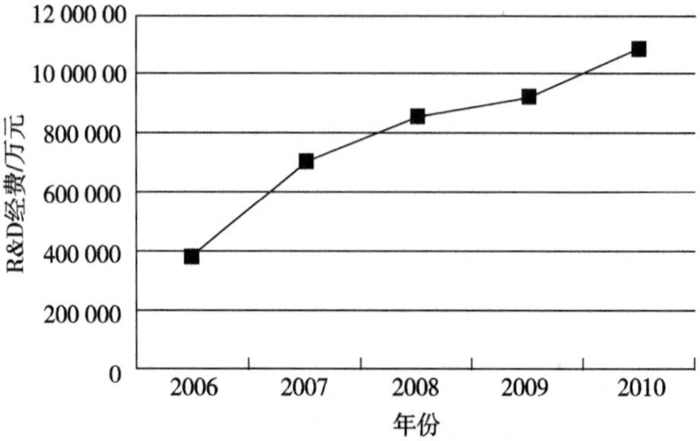


图 5-6　广州市国家级开发区企业 R&D 经费支出

### 5.2.3　广州市智慧城市技术供给改善建议

1. 丰富共性技术供给主体、 供给方式

上文分析了广州市在智慧城市建设共性技术供给方面存在主体缺乏、方式单一的不足之处。政府不应仅仅扮演财政科技资助者的角色，更应发挥主导作用，联合高校、科研院所以及企业一起参与共性技术的研究，尤其是带动企业研究的积极性。共性技术作为一种竞争前技术，能够极大地带动智慧城市的建设进程。麻省理工学院 Jong-Tsong Chiang 在 *Strategic Positioning of National Technology：The Getting Programs* 中介绍了国外 3 种重要的技术研发计划，如图 5-7 所示，并着重强调了竞争合作对技术供给的作用。

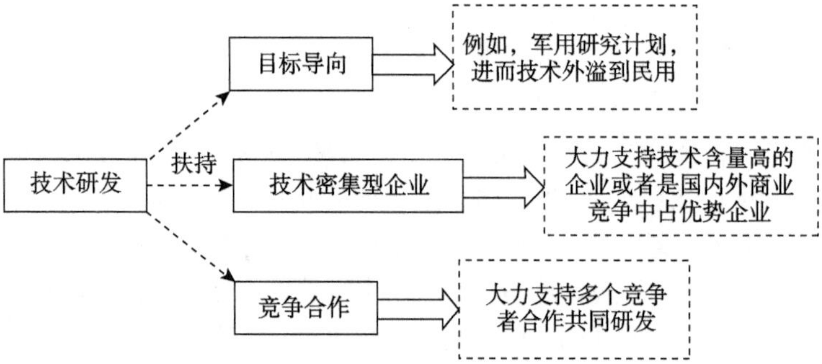


图 5-7　国外技术研发计划类型

国内学者李纪珍提出对不同层次和不同类型的共性技术，政府和企业应承担有区别的发展责任。他将发展责任分为政府主导型、政府企业共抓型、企业主导型三类(李纪珍，2011)，具体分类原则如表 5-1 所示。

表 5-1　政府和企业区别责任原则

| 分类 | 基础性 | 竞争前 | 应用类 |
|---|---|---|---|
| 产业间共性技术 | 政府主导 | 政府主导 | 政府企业共抓 |
| 产业内共性技术 | 政府主导 | 政府企业共抓 | 企业主导 |
| 企业内共性技术 | 政府企业共抓 | 企业主导 | 企业主导 |

广州市对智慧城市建设进行共性技术供给可参考国内外学者对共性技术的研究，并结合目前广州市的研发实情，形成一套合适、完备的共性技术供给机制。目前，广州市企业的自主开发能力较弱，企业对共性技术的研究积极性不高，动力不足，单纯依靠市场的需求来驱动企业进行共性技术研究是不可行的，因此增强政府的主导作用，并充分调动企业的研究积极性，是当下广州市为建设智慧城市进行共性技术供给的恰当做法，这种共性技术供给体系如图 5-8 所示。

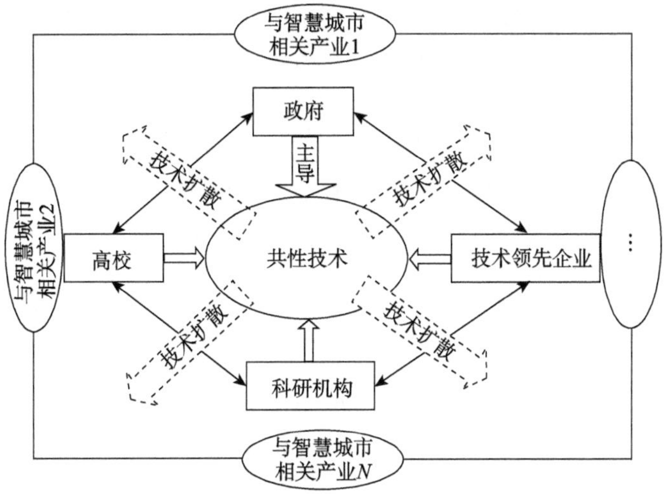


图 5-8　智慧城市共性技术供给体系

在调动企业参与共性技术开发方面，政府应当营造有利于共性技术创新的环境，处理好中小企业筹资问题，着力解决民营企业进入铁路、能源、市政领域难的问题。2012 年的《政府工作报告》中，时任国务院总理温家宝明确表示，2012 年要认真落实《国务院关于鼓励和引导民间投资健康发展的若干意见》，完善和落实促进非公有制经济发展的各项政策措施，打破垄断，放宽准入，鼓励民间资本进入铁路、市政、金融、能源、电信、教育、医疗等领域，而这些领域均与智慧城市的建设息息相关。

此外，由企业联合竞争对手或高校、科研机构进行自发的共性技术开发，这本身就要承担一定的风险，而且这种竞争前的技术虽然诱人，但外溢性很强，因而企业研发的动力不足。政府要加大对企业竞争合作开发模式的支持力度，改善激励方式，可运用事前激励加上事后补助进行激励，即事前给予研发方面的补助，在产出科技成果之后再给予相应的科技成果应用方面的激励，如投产后的税收优惠政策等。同时，政府需要加强对激励的监管，防止参与共性技术研发企业的寻租行为。

2. 转变技术引进方式，提高技术引进消化吸收效率

技术引进是迅速获得技术资源的重要途径。近年来，广州不断加强与国外较成熟智慧城市的交流合作，在2009年广东省信息产业厅与IBM公司签署战略合作备忘录，加强在信息技术和信息服务领域的合作；此外，还有引进阿联酋、欧洲等国家先进项目的意向。可以说，广州市对智慧城市相关技术的引进力度是相当大的，但与之相配套的技术消化吸收费用较低，这与政府、企业注重形式上的技术引进，强调照搬国外智慧城市现有的先进技术有关。这并不能从根本上解决广州在建设智慧城市上的技术瓶颈问题，相当于"饮鸩止渴"，形成对国外技术的长期依赖，且对实际的技术进步促进少。为此，广州市政府应当拓展技术引进的方式，将重点从成套设备、关键设备以及生产线的引进转向专有技术许可、技术咨询与技术服务等方式，图5-9为技术引进方式类型。目前参与技术引进的企业主要为外商投资企业和国有企业，市政府应当对各类型企业进行激励，鼓励民营企业参与引进先进技术，实现技术的外溢。此外，在技术引进的同时，必须配以相关的资源进行技术消化吸收，使先进技术渗透到智慧城市建设的每一个环节。

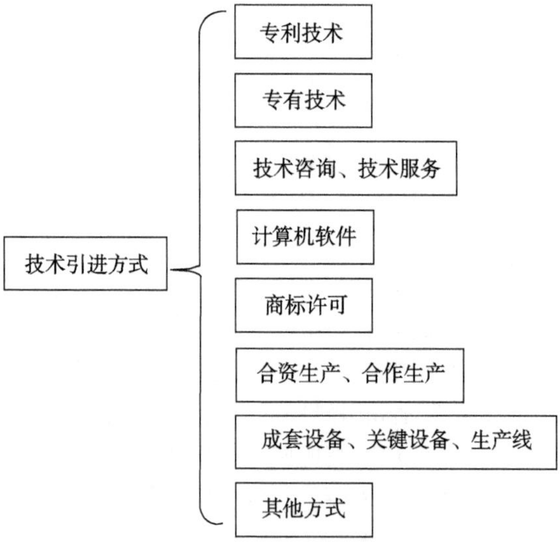


图5-9 技术引进方式类型

3. 加强各主体之间的合作，建立技术互惠平台

广州建设"智慧广州"体制机制尚未成熟，无论是对于技术引进，抑或是自主

创新，各主体的协同程度不高，未形成有效的技术交流、互惠平台。一方面，高投入引进技术所产生的技术外溢效果不明显；另一方面，高校、科研机构的科研成果不能实现产业化。正如之前分析广州市技术供给现状时谈及的，目前各主体的合作属于“点”对“点”式合作，自成体系并注重自身利益而不顾全智慧城市建设的大局。政府所要做的应是加强各主体之间的“点”“点”合作，并以此形成在整个智慧城市建设运行上的关联网络。具体做法有以下几种。

(1)参照美国科技工业园模式，美国政府为了利用大学的研究力量，把从事高新技术研究与开发的实验室设在研究性大学周围，因此在一些大学周围便形成了高新技术密集区，统称“科技工业园区”(祝东伟，2006)，典型的例子是斯坦福工业园和硅谷的建立。广州市有众多实力不菲的高校，如华南理工大学、中山大学等，研究能力属全国前列。华南理工大学科技园起步较早，已形成了一套以华南理工大学的科技、人才和地缘优势为依托，进行技术成果的商品化和产业化的运作体系，如图 5-10 所示。但目前广州市高校科技园的资源分配仍有待改善，各科技园之间的交流亦有待加强。政府应当采取激励措施，鼓励企业与高校合作，并给予优惠政策，实现技术从理论到实践的转变。

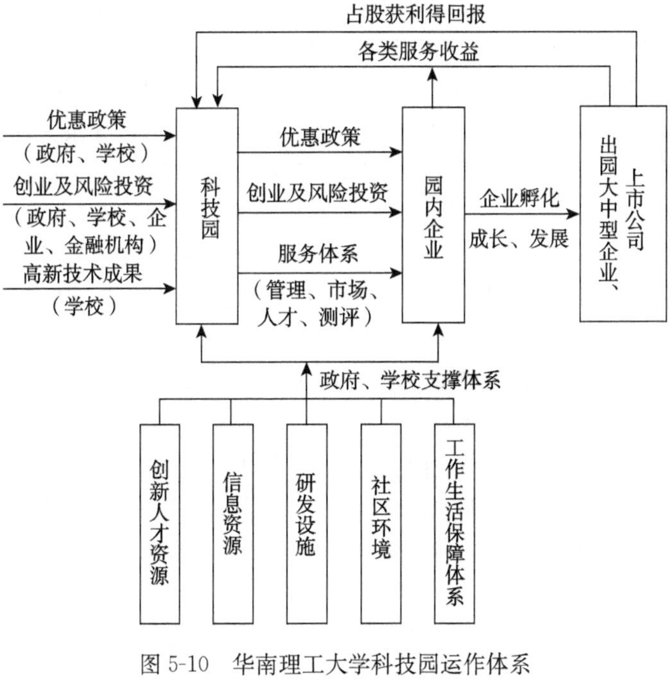


图 5-10　华南理工大学科技园运作体系

(2)建立长期的产学研联合机制。对于政府发起或市场自发的科研课题，各主体往往是建立联合攻关关系，这种合作可在短时间内聚集各方面的资源，集中对科研课题进行攻关，企业通过合作获得新的学术成果，而高校、科研机构也能据此了解市场，但短期的联合攻关不能持续为智慧城市的建设运行提供动力，随着科研课题结题，各主体之间的交流也随之解散。为确保广州建设“智慧广州”能有持续不断的技术供给，应建立起长期的产学研联合机制，如构建具有长期契约关系的科研基地。

(3)加强智慧产业之间的合作，建立产业技术联盟，将智慧产业中的具有分工合作关系的企业整合在一起，共享资源、技术(主要指产业关键共性技术)。政府对产业技术联盟的构建、运行及发展有着相当重要的引导作用。

4. 加强对企业核心技术开发的引导，完善知识产权保护制度

相对于共性技术，企业往往更加注重核心技术的研发，核心技术具有独特的竞争优势，竞争对手难以模仿，能够依此获得丰厚利润。从智慧城市建设运行角度看，共性技术支撑起智慧城市运行的基础技术环境，而企业核心技术则使智慧城市的内容更加多样化。企业开发自身核心技术具有明显的目的性，且核心技术的开发投入大、周期长、不可逆转性强，因而政府应该加强对企业核心技术开发的引导，提倡对与智慧城市息息相关的关键技术的开发。对于核心技术，企业可选择专利技术或者专有技术形式作为载体。专利技术，顾名思义，是指被处于有效期内的专利所保护的技术，专有技术是有一定价值，可利用、未被公众知晓，可以转让或传授而未取得专利权的技术知识、技术情报、经验、方法或其组合①，没有经过法律的认可，不是法定权利。专利技术比具有保密性质的专有技术更能带来技术外溢，但由于我国的知识产权制度尚未完善，通过《中华人民共和国专利法》(主席令第八号)对企业专利进行保护的力度不高，如果企业掌握的核心技术易被模仿，会引发大批的跟随者，这导致相当部分企业宁可承担技术泄露的风险，选择以专有技术形式为载体。世界知识产权组织(World Intellectual Property Organization，WIPO)的有关统计资料表明，在世界范围内每年有90%～95%的发明创造成果都可以在专利文献中查到，其中约有70%的发明成果从未在其他非专利文献上发表过，科研工作中经常查阅专利文献，不仅可以提高科研项目的研究起点和水平，而且还可以节约60%左右的研究时间和40%左右的研究经费。政府应当完善知识产权保护制度，充分激励企业采取专利技术形式承载企业核心技术，享用专利给智慧城市建设运行带来的便利。

## 5.3 智慧城市产业发展机制

产业是经济的命脉，是国家生存发展的重要支撑，是国家综合实力的重要体

① 刘隆亨. 现代经济法辞典[M]. 北京：北京大学出版社，1992.

现。纵观世界近现代城市发展史，产业的发展程度往往决定了国家的发展，并且成为区分不同国家之间竞争力的重要一环。产业革命推动了世界现代化的速度，先后促成了英国、德国、美国的繁荣和强大，直到今天，美国依然凭借其强大的产业基础牢牢占据着世界第一的位置。作为国家的子系统——城市一直是产业发展的重要依托，产业的发展依赖于城市的优良的环境，同时产业的发展也推动着城市的繁荣和进步。建设智慧城市，首要的任务就是要建立健康合理的城市产业结构及其发展的主导力量。智慧城市是以物联网、互联网、传感网、云计算及数字技术为主的，通过优化城市规划、促进新兴业态发展、改变决策和管理方法、改变政府、企业和居民相互交往的方式，实现城市功能协调运作、经济可持续发展、信息发达、生态高效、人们生活更加美好的一种新的城市发展定位。而作为智慧城市中重要一环的智慧产业是直接或者间接利用人的智慧进行研发、创造、生产、管理等活动，形成有形或无形智慧产品以满足社会需要的产业，主要分为两大类：第一类是由新一代信息技术，尤其是物联网技术快速发展而催生的新兴智慧产业，如图 5-11 所示。第二类是现代产业体系的延伸，大部分是在传统产业的基础上发展起来的，并进一步优化了现代城市产业结构的传统产业智慧化新形态(杨冰之和郑爱军，2012)，如图 5-12 所示。

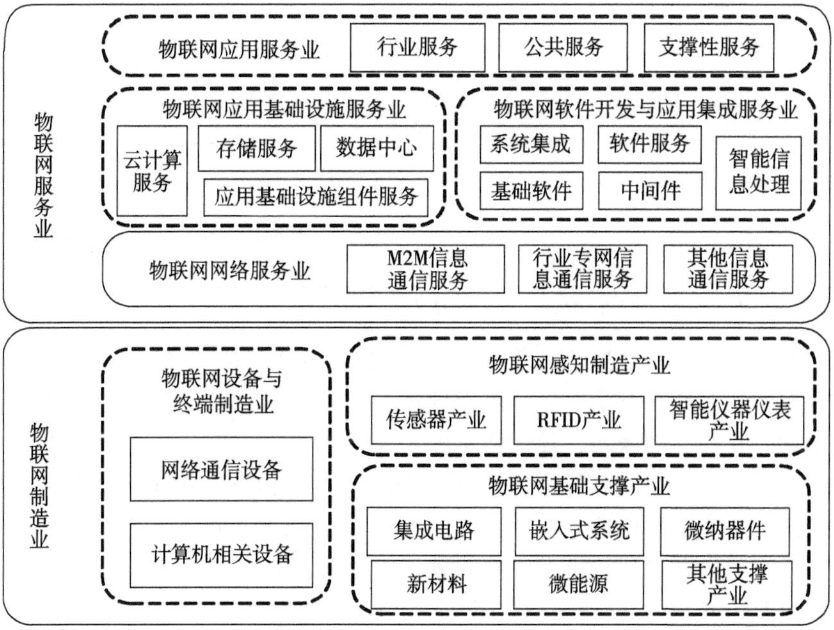


图 5-11　物联网产业体系示意图

资料来源：Gartner，中文互联网数据研究咨询中心

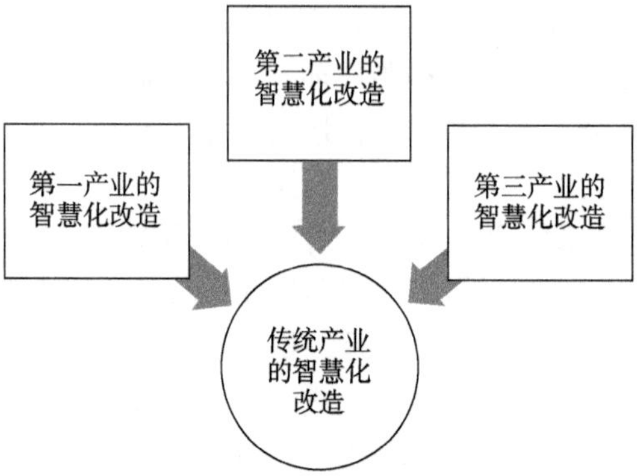


图 5-12 传统产业的智慧新形态

资料来源：杨冰之和郑爱军(2012)

### 5.3.1 广州市智慧产业发展现状

2011 年我国云服务市场规模只占到了世界市场的 3%不到，相比美国占到超过 60%、欧洲 24.7%和日本 10%的市场规模，还有很大的差距。要在具有重要战略意义的智慧产业的角逐中占据有利位置，我国尚有很长的路要走，具体如表 5-2所示。

**表 5-2 2011 年各国(地区)云服务发展情况对比**

| 国家和地区 | 美国 | 欧洲 | 日本 | 中国 |
|---|---|---|---|---|
| 云服务市场规模/% | 60 | 24.7 | 10 | <3 |
| 典型企业 | Google、Amazon、RackSpace、Salesforce | BT、Orange | 日本电话电报公司 | 中国电信等运营商、互联网公司、IDC 企业 |

资料来源：Gartner，中文互联网数据研究咨询中心

目前，广州市政府也已出台不少政策文件，强调要推进信息化与工业化融合发展，发展壮大高端电子信息、智慧制造、智能装备、智慧汽车、基于数据和知识的现代服务业、物联网、云计算等智慧型新兴产业。

政府科技资金在城市智慧产业的发展中起着重要的先导作用和杠杆效应，一定程度的财政资金可以撬动多倍的社会资本投入到智慧产业的发展中来。近年来，广州市地方财政科技投入总量呈现上升趋势，2011 年达到 31.7 亿元，但是市本级只有 7.63 亿元，且从 2006 年以来呈现下降趋势，特别是地方财政科技投入占财政支出的比重近几年来呈现下滑趋势，到 2011 年仅为 2.78%，远远低于 2006 年的 5.29%，具体如表 5-3 所示。

**表 5-3 2006～2011 年广州市地方财政科技投入情况**

| 指标 | 2006 年 | 2007 年 | 2008 年 | 2009 年 | 2010 年 | 2011 年 |
|---|---|---|---|---|---|---|
| 地方财政科技投入/亿元 | 26.79 | 29.68 | 26.22 | 32.36 | 31.94 | 31.70 |
| 其中：市本级/亿元 | 13.07 | 13.34 | 6.27 | 7.75 | | 7.63 |
| 地方财政科技投入占财政支出的比重/% | 5.29 | 4.8 | 3.68 | 4.10 | 3.27 | 2.78 |

资料来源：广州市财政局数据

智慧产业的发展离不开研发资金的投入，和其他兄弟城市相比，特别是北京、上海和深圳等大城市相比，作为中心城市的广州，无论是 R&D 投入的总量，还是全社会 R&D 强度(R&D 投入占地区生产总值的比重)，都处于远远落后的位置，如图 5-13 所示，广州 R&D 强度甚至低于苏州和南京。

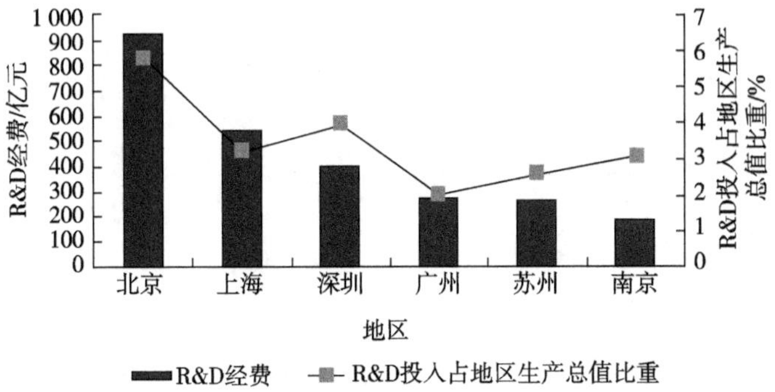


图 5-13 2011 年广州与其他城市 R&D 投入水平对比图

资料来源：各城市国民经济和社会发展统计公报，其中广州、深圳、天津、南京的 R&D 经费为测算值

从产出方面来看，如表 5-4 所示，2011 年广州的专利授权量和发明专利授权量达到了 18 339 件和 3 146 件，分别比上年增长了 21.5%和 58.2%，特别是代表较高质量的发明专利的上升势头喜人。但同时也要看到 2011 年广州市的科技创新投入产生的专利授权量和发明专利授权量仅为 66 件/亿元和 11.3 件/亿元，与北京、上海、深圳和苏州等城市相比，还有较大的提升空间，如图 5-14 所示。

**表 5-4 2011 年广州与其他城市专利授权对比表**

| 地区 | 专利授权量/件 | 专利授权比上年增长/% | 发明专利授权量/件 | 发明专利授权量比上年增长/% | 发明专利占专利授权比重/% |
|---|---|---|---|---|---|
| 北京 | 40 888 | 22.0 | 15 880 | 41.7 | 38.8 |
| 上海 | 47 959 | −0.5 | 9 160 | 33.4 | 19.1 |
| 深圳 | 39 363 | 12.6 | 11 826 | 23.0 | 30.0 |

续表

| 地区 | 专利授权量/件 | 专利授权比上年增长/% | 发明专利授权量/件 | 发明专利授权量比上年增长/% | 发明专利占专利授权比重/% |
|---|---|---|---|---|---|
| 苏州 | 77 281 | 67.6 | 2 492 | 81.9 | 3.2 |
| 广州 | 18 339 | 21.5 | 3 146 | 58.2 | 17.2 |
| 南京 | 12 404 | 35.6 | 3 452 | 38.8 | 27.8 |

资料来源：根据专利单位产出量国家知识产权局及各地统计局数据整理

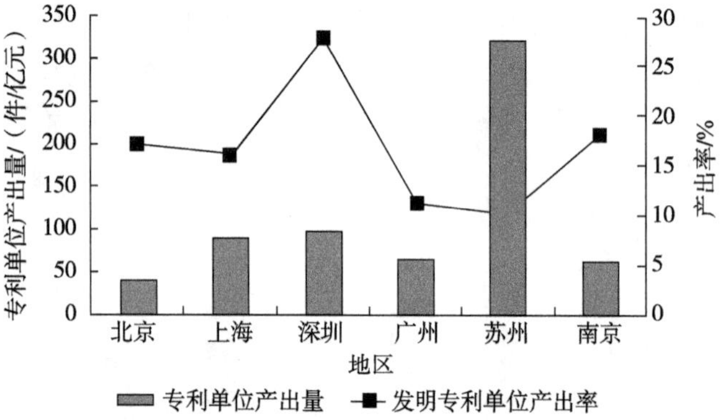


图 5-14　2011 年广州与各城市的科技创新投入产出效率对比图
资料来源：根据各大城市国家知识产权局和各地统计局数据整理

高新技术产业在整个智慧产业中占据重要位置。2011 年广州市规模以上的高新技术产业总产值达到了 6 353.19 亿元，如表 5-5 所示，高新技术出口额占出口额的比重在这四座城市中垫底，特别是与苏州、深圳的差距甚大。而高新技术产品的国际竞争力则更是远远落后于深圳、苏州等城市。

**表 5-5　2011 年各市高新技术产业发展及国际竞争力对比表**

| 地区 | 高新技术产品产值/亿元 | 比上年增长/% | 高新技术产品产值占规模以上工业总产值比重/% | 比重比上年增长/% | 高新技术产品出口额/亿美元 | 比上年增长/% | 高新技术出口额占出口总额的比重/% |
|---|---|---|---|---|---|---|---|
| 深圳 | 11 875.61 | 16.7 | 58.2 | 2.3 | 1 248.00 | 14.8 | 50.8 |
| 苏州 | 10 516.15 | 17.6 | 37.3 | 0.7 | 969.54 | 0.8 | 58.0 |
| 广州 | 6 353.19 | 15.9 | 40.2 | 1.67 | 105.80 | 6.8 | 18.7 |
| 南京 | 4 223.89 | 24.2 | 40.8 | 2.1 | 82.07 | 18.5 | 30.9 |

资料来源：根据各城市国民经济和社会发展统计公报整理

综上所述，广州市在科技、研发投入及创新产出，特别是高新技术产品的发展情况跟国内其他城市(特别是北京、上海和深圳)相比还存在很大的差距，这从一个侧面反映出广州市智慧产业的发展仍然有很大的提升空间。

为了解决智慧产业的发展的问题，广州市主要通过四个机制的调整来进行优化，如图 5-15 所示。

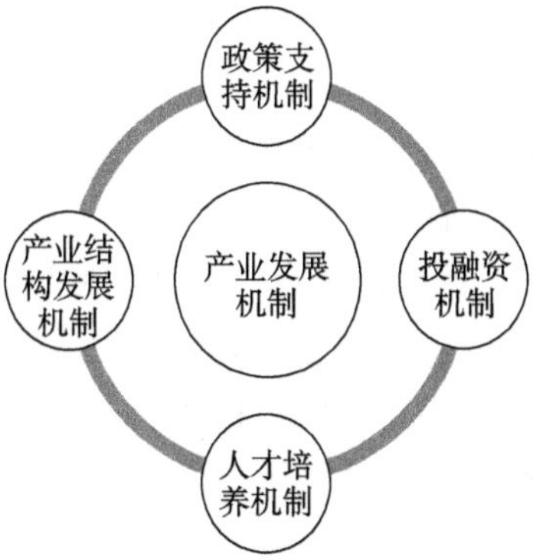


图 5-15　产业发展机制图

### 5.3.2　政策支持机制

广州市处于改革开放的前沿，在产业结构调整程度、创新平台多样化程度、内外部资源整合效率等方面具有相当的优势，政府作为智慧城市建设中重要的一环，对于把握智慧城市的发展方向以及智慧城市的建设都有着不可替代的作用。2009 年 8 月，广东省信息产业厅与 IBM 公司签署战略合作备忘录，双方将加强在信息技术和信息服务领域的合作，携手共同推动广东省智慧产业的建设，最终推进智慧城市的发展。2010 年 12 月，广州南沙新区提出，打造中国智慧城市先行区，南沙即将以大珠三角合作、创新、服务为主题，充分发挥区位、交通、政策优势，与港澳紧密合作，大力推进现代服务业、先进制造业和高新科技产业的发展，将南沙新区建设成国际航运物流中心功能区、粤港澳合作主力区、广东省现代产业基地、珠三角区域科技创新及生产组织中心，并带动珠三角和广东省的产业转型以及产业大发展。2010 年，广州市发展和改革委员会初步选择了新能源、新材料、电动汽车等十大战略性新兴产业为重点发展方向。2011 年，根据国家的“十二五”规划、《国务院关于加快培育发展战略性新兴产业的决定》，广州已经初步将商贸会展、金融保险、现代物流、文化创意、商务与科技服务、汽车制造、石油化工、电子产品、重大装备等有规模、能够发挥重要支撑作用的产业，以及新一代信息技术、生物与健康产业、新材料、节能环保、新能源汽车、新能源等有潜力、引领未来发展的产业，明确为广州市“十二五”期间重点发展的战略性主导产业①。虽然政府推动了一系列的产业政策支持机制，但是在这些主

① 广州市“十二五”规划纲要，2012 年。

导性战略产业中，主要是基于技术进步与结构优化的传统产业的延伸，对于基于物联网技术催生的新兴智慧产业提到的较少，尤其是物联网产业体系。美国的次贷危机以及欧盟的债务危机导致中国出口产业的大量死亡，要想在新一轮的国际竞争格局下继续发展，依托原有初级人口红利的低附加值的产业发展已不太现实，推动产业向价值链的高端发展成为政府的一项重大任务。未来在建设智慧产业的过程中政府还要做以下工作。

(1)坚持重点突破与长远规划相结合，构建物联网创新体系，提升产业的核心竞争力。一方面，要继续坚持对未来智慧产业发展的规划，出台相关的规划政策，强化政策的落实。到目前为止，广州市还没有出台正式的智慧城市的发展规划，只有一些相关的政策提到了智慧城市的发展。另一方面，在持续关注传统产业升级的同时，也要加大在以物联网为核心的智慧新兴产业上的突破。这些新的增长点伴随着新的技术出现逐步壮大，在推动智慧城市的建设方面有着重要的战略意义。

(2)坚持政产学研用相结合，加大智慧产业建设的理论研究。智慧城市的发展历史并不是很长，直到现在也没有在全世界全面兴起。作为智慧城市建设中的智慧产业的发展，对其进行定位的历史就更短暂了。智慧产业的发展一方面需要新的技术、新的平台的大发展；另一方面，智慧产业的相关理论研究也对智慧产业的发展壮大发挥着巨大的推动作用，包括对智慧产业的定义，发展模式、发展战略等都需要相应的理论背景来支持。因此，由政府牵头，以企业为核心的政产学研结合，在推动理论丰富的同时，也能够加强对实践的指导。

(3)由政府牵头，建设一批示范应用项目，推动智慧产业的发展。由物联网技术而催生出来的新兴产业范围很广泛，主要有物联网制造产业体系以及服务产业体系，对于体系当中的各种新兴产业，单单依靠民间的力量是远远不够的，因为建设这些产业需要很大的投入，且面临很多技术上的难题，风险性很大。所以，早期由政府承担一部分，建设一批示范应用项目，带动个人的投资，让企业迅速掌握相关的技术以及建设难题。之后，政府逐步放开，由企业自主发展。

(4)创造一个良好的产业发展环境，推动智慧产业的发展。政府在智慧城市建设中的作用还体现为政府营造了一个良好智慧城市发展的环境。一方面，政府要加强智慧产业发展所必需的基础设施的建设，这方面的投入一般只有政府可以承担，当然这也是政府的职责。另一方面，政府要加大对智慧产业的支持力度，在各方面为智慧产业的发展创造机会。

### 5.3.3 投融资机制

智慧产业，尤其是以新的物联网、传感网以及云计算为基础的战略新兴产业的发展对投融资机制的完善有很大的依赖性。一方面，智慧产业大多处于产业生命周期中的种子期和创建期，投入的风险性很大。另一方面，智慧产业对技术的要求较高，前期的投入很大，单靠企业家个人的力量难以有效地推进下去。而完善的金融机制的存在可以有效地解决这两个问题。当然，智慧产业光明的前景也吸引着大量资金的涌入。虽然广州市在产业发展上的总投入不断增加，服务范围也不断扩大，资本市场也逐步完善，但是，依然存在着很大的问题，主要有以下几个方面。

一是金融危机导致金融资产在选择发放贷款上更加谨慎，尤其是对于科技型企业。在目前持续恶化的金融环境下，智慧产业想要得到贷款和投资变得更加困难。

二是滞后的金融创新跟不上科技创新的步伐。科技型的智慧产业的成长是一个漫长且充满凶险的过程，要求金融机构在不同的阶段提供不同的支持和服务，这就需要金融机构不断创新，提供更多适宜的金融产品。然而，目前广州金融业经营的绝大部分是成熟的传统产业的业务，这对新兴的战略产业是极为不利的。

三是创业风险投资不足。目前广州地区仅有 5 家专业性风险投资公司，合计风险资本为 20 亿元，且这些风险投资主要以国有投资为主，北京、上海、深圳等城市的风险投资均已超过百亿元的规模。因此，风险投资的不足是广州创新软环境的一个重要瓶颈。

为了给智慧产业的发展营造一个良好的投融资环境(图 5-16)，还应该做出以下努力。

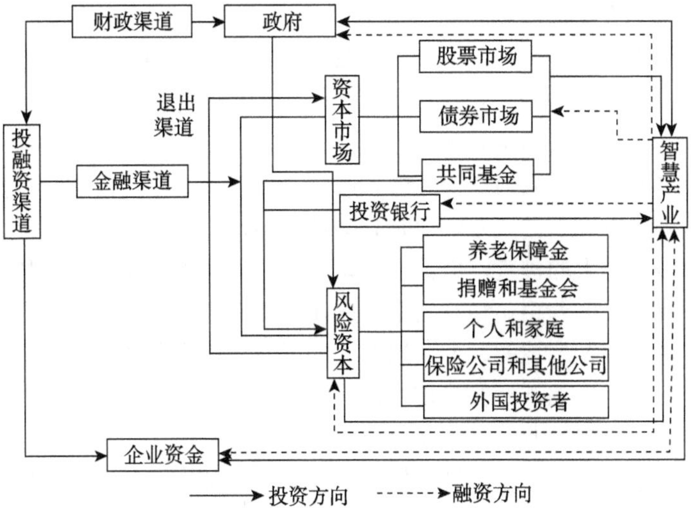


图 5-16　智慧产业投融资体系逻辑关系

资料来源：李奎和陈丽佳(2011)

一是设立智慧产业风险投资引导基金(李奎和陈丽佳，2011)。政府、国有控股、国有独资、民间资本按照一定的比例出资，形成共有的智慧产业专项基金。一方面，多元化出资方共同分担了风险投资的风险；另一方面，引导基金让渡部分收益给私人部门投资者，可以吸引具有丰富经验的创业投资家，从而降低投资风险。

二是在风险投资领域大力推广有限合伙制。所谓有限合伙制，是指由普通合伙人和有限合伙人共同组成的合伙组织。该制度源于英美，在国外的发展已经较为成熟。有限合伙制非常适用于风险投资领域，因为有限合伙制可以使专业的管理人与承担有限责任的投资者更好地结合。

三是对智慧产业实行投资的金融机构实行风险补贴以及税收优惠政策。由于智慧产业技术更新快、不确定性大，银行提供信贷的同时也承担了极大的风险，所以，金融机构对参与智慧产业的积极性不高。对符合条件的金融机构给予适当的补贴和税收优惠，有利于降低金融机构的风险，提高它们的积极性。

### 5.3.4 人才培养机制

产业竞争力的提升是建立在高素质人才队伍基础之上的，结合合理的人才队伍是提升广州智慧产业发展的重要支撑。国家、省、市层面都高度重视人才建设。2011 年 1 月，广东省人才工作会议在广州市召开，会议动员全省各方面力量全面实施《广东省中长期人才发展规划纲要(2010—2012 年)》，实现广东省由人力资源大省向人才强省的历史性转变。2011 年 2 月，广州市委、市政府批准并发布了广州市第一个中长期人才发展规划，即《广州市中长期人才发展规划纲要(2010—2012 年)》。这些人才工作会议的召开以及规划纲要的发布显示了各级政府实施人才强国战略的决心和力度。

广州市具有优厚的人力资源优势，改革开放以来，广州市政府积极改善人才机制，通过各种方式引进人才，但是必须清醒地认识到，虽然广州近几年在人才发展方面取得了很大的进步，但是与北京、上海等国内率先开展智慧城市研究的城市相比还有不小的差距。相对而言，广州主要有以下几方面问题。

一是智慧产业技术技能型人才缺口大。智慧产业的发展既需要一批高层次的创新人才，也需要大批掌握相关技术技能的专业人才，但从目前广州市的人才结构来看，智慧产业的专业性人才缺口很大。

二是高层次的创新人才不足。虽然广州市人才总量较大，但在高层次创新人才、领军人才方面总量严重不足。目前落户广州的两院院士有 32 人，仅为上海的 23%，北京的 4%。与先进城市相比，广州高层次创新人才队伍建设还有明显的差距。

三是人才管理体制与经济发展不相适应。目前，广州市还未形成柔性的人才引进机制，也没有建立有效的与国际接轨的人才激励机制等。

通过分析广州市在人才建设上的优势以及劣势，我们提出如下建议。

一是制定智慧产业人才开发路线图(李奎和陈丽佳，2011)。遵循智慧产业的发展规律和人才成长规律，围绕广州市所确定的战略性新兴产业，制定广州市智慧产业人才开发路线图。根据制定的路线图，引导企业有目标、有步骤、有针对性地引进和培养掌握关键技术和核心技术的高端人才，攻克技术壁垒，科学配置和有效利用科技创新资源，提升智慧型产业的竞争力。

二是注重智慧产业人才的培养。要想把智慧产业作为未来广州市发展格局中的重要一环，就必须注重相关产业的人才培养工作。一方面，可以通过在高校设立相关的产业学科来支持智慧产业的发展；另一方面，也可以通过校企合作培养学生的综合能力。

三是投入资金引进一批智慧产业的紧缺人才。当前，广州市的智慧产业发展人才缺口相当大，通过自主培养是长远之计，但是就目前来说，必须加大引援来推动智慧产业的发展。可以通过各种激励手段来促进人才的引进，如通过允许技术入股、股权和期权的分配来引进人才，同时这些激励措施也可以提高人才工作的积极性。

### 5.3.5　产业结构发展机制

产业结构是指各产业的构成以及各产业之间的联系和比例关系，各产业的构成及相互之间的联系、比例关系不尽相同，对经济增长的贡献大小也不同。因此，我们把包括产业的构成、各产业之间的相互关系在内的结构特征概括为产业结构。改革开放 30 多年来，广州市的产业结构促进了广州市的飞速发展，目前地区生产总值已经过万亿元。但是在带来如此成就的同时，也出现了很多问题：一是长期以牺牲自身资源、能源、环境以及低劳动力成本为代价；二是外向型经济中出口产品大多处于制造产业“微笑曲线”(图 5-17)的底端，受制于外，无产品定价权，缺乏自主知识产权和自主创新能力，无自主品牌。在世界经济危机的大环境下，许多广州企业面临破产、转型、升级带来的巨大压力。

在新一代的以物联网、互联网等通信网络为基础的高新信息技术发展的基础下，加大智慧产业等高新技术和有核心竞争力产业的发展将是广州在新形势下产业结构调整的方向和经济发展的新的动力。为此，可以采取以下措施。

一是有计划、有步骤地逐渐由低附加值的制造业向高附加值的制造业发展。中国制造业大国的地位某种程度上是世界贸易发展的必然趋势，而且制造业的繁荣对一个国家经济的健康发展有着很大的刺激作用。广州市在产业结构调整上，应该逐步加强企业对品牌的重视，使企业的模式逐步由 OEM(original equipment manufacture，即原厂委托制造)向 OBM(open book management，即

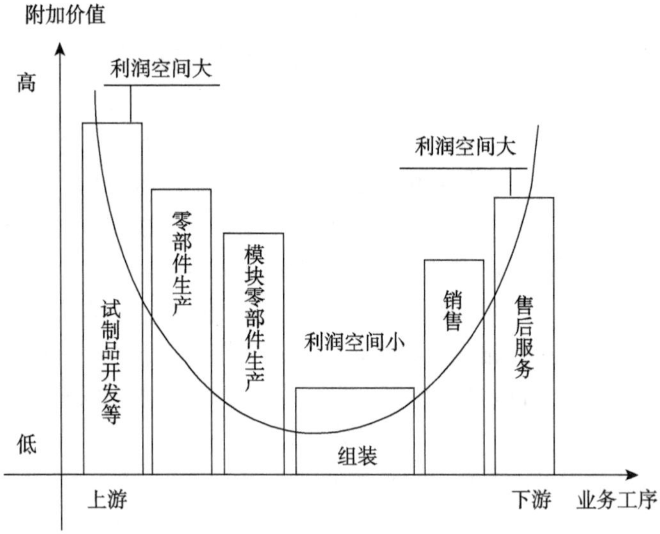


图 5-17 微笑曲线

代工厂自有品牌)过渡(图 5-18)，提高所生产产品的附加值和核心竞争力。

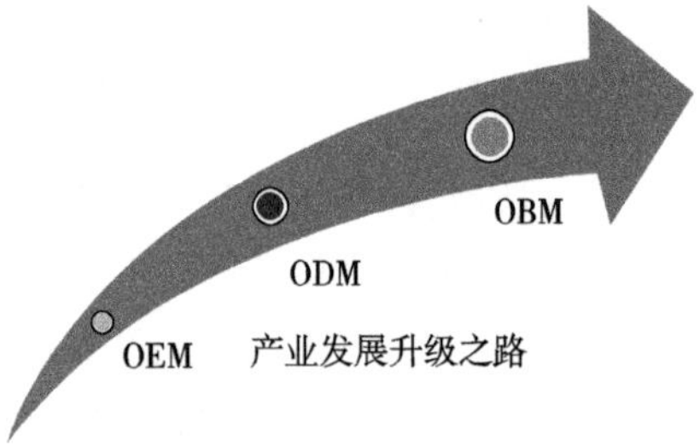


图 5-18 产业发展升级路线

二是提高产学研研究的实际产出，加强技术创新研究。智慧产业中，最关键的就是核心技术的掌握，而目前虽然广州市也在加大技术引进，但是，真正的核心技术依然无法获取。如何从模仿创新向自主创新过渡是智慧产业发展的关键。因此，要提高产学研的效率，规范各种形式的技术联盟，提高实际产出。

三是合理平衡技术引入和技术消化资金的配给。广州市虽然在技术引入上投资很大，但是目前来说，所配给的技术消化资金严重不足。这样的直接后果是许多引入的技术最终都被浪费了，没有真正地消化吸收。

四是加强传统产业的转型。依托新的物联网和通信网等技术，赋予传统产业新的活力，形成传统产业智慧化的新形态。

## 5.4　智慧城市管理协调机制

智慧城市是一个庞大的系统，从智慧城市的根基到智慧城市的产业、智慧应用，无不需要进行管理协调。智慧城市的管理协调是指对各种与智慧城市有关的要素和资源，如资金、人才、技术等进行系统化的计划、组织、领导和控制，加强各层级、各主体之间的交流沟通，充分发挥各资源的使用效率，从而保证智慧城市顺利建设与运行。

### 5.4.1　管理协调机制所涉主体

1. 政府部门

从智慧城市构建提议，到筹集资源进行建设，均离不开政府的支撑。这里的政府部门包含与智慧城市建设直接相关的广州市规划局、财政局、人力资源和社会保障局、广州市国土资源和房屋管理局等，它们为智慧城市建设提供资金、人才以及城市规划，还包含与智慧城市建设相关的辅助服务性质的政府部门，如广州市知识产权局、安全生产监督管理局、质量技术监督局等，这类主体的具体职责是按照法律法规保证智慧城市的健康运转，并为智慧城市的建设提供正式的保障制度。

2. 相关企业

作为智慧城市建设的主要落实方，企业是智慧城市建设与运行的主要动力。这里的相关企业包含参与智慧基础设施建设的企业，如物流业、基础信息技术企业，也包含智慧产业相关企业，如高端 IT 企业、通信企业等一大批高技术企业。

3. 科研机构及高校

科研机构及高校承担着智慧城市技术供给的作用，在上文已经分析过，包含广州市各类研究院以及各大高校的科研实验室。

4. 民众

智慧城市的运行最终是为了使人民的生活更加智慧、便捷，民众不仅是智慧城市建设的利益相关者，更是评判广州市智慧城市建设优劣的评价者。因此，只要是在广州市居住的居民，皆为智慧城市相关主体，管理协调工作必然要考虑人民大众。

### 5.4.2　所涉主体间的关系

智慧城市的管理协调机制的核心在于协调各主体之间的关系，提高智慧城市的运行效率。而要在广州市建立合理有效的管理协调机制，对各主体间关系的处理必不可少。

1. 政府部门之间的关系

智慧城市的建设并不是靠单一部门的工作就能完成的，需要多部门、多层级的合作。在建设过程中必然会出现政府部门之间的工作分配的问题，有些智慧城市项目性质复杂，可能同属多个范围，并不能一概而论地将其划至某一政府部门进行监管，这可能导致多头领导，同时也是政府部门间“踢皮球”现象产生的原因。由此带来的问题还有政府部门间业绩的争夺，各部门站在各自的立场之上，争夺业绩，考虑自身部门的利益，优先满足自身部门所需资源，而缺乏统筹全局的眼光。此外，注重短期的统计报表数据的增长也是各部门通常关注的对象。因此，协调和处理市政府部门之间关系是智慧城市管理协调机制的重要任务。

2. 政府部门与相关企业之间的关系

政府部门与智慧产业相关企业的驱动要素不完全相同，二者着眼点差异、利益归属、资源禀赋等决定了二者之间的关系也是智慧城市管理协调机制的重要处理对象。企业追求利润的本质决定了它以追求企业的利益为目标和出发点，因此，更不可能考虑整个广州市智慧城市建设的大局。而政府部门实质上是整个城市利益的代表，主要考虑智慧城市的公共利益，两种不同的目标追求，必然导致政府部门与智慧产业相关企之间业存在一定的矛盾和冲突，管理协调机制要做的就是建立政府部门与企业的合作关系，以整体利益为导向，公私互惠，共同推动智慧城市的建设运行。

3. 企业与企业之间的关系

其包含智慧产业中同产业企业之间关系以及跨产业企业之间关系。前者处于同一产业内，企业与企业之间存在激烈的竞争关系，甚至通过不正当竞标获得项目、采用不正当竞争手段打压竞争对手，抢占市场。而后者处于不同产业之间，相互关系非常薄弱，两产业之间的交互作用不明显，产业间资源的契合度不高。智慧城市的管理协调机制应当处理好同产业之间企业的矛盾关系，提高技术外溢效应，同时引导不同产业企业之间的合作，实现技术、资源互惠。

4. 政府部门与科研机构、高校以及相关企业三者的关系

政府部门与科研机构、高校以及相关企业的关系主要以技术的供给为纽带，目前为广州市建设智慧城市提供技术支撑的主要来源是科研机构、高校的科研成果，有关共性技术供给以及企业核心技术供给的分析在上文已经详细阐述过，在此不予赘述。要在真正意义上实现智慧城市的“智慧”，必须借助科技的力量赋予城市智慧的“头脑”。

5. 政府部门与民众的关系

实现民众在智慧城市中的融入感，是体现智慧城市有效运作的标志。政府作为民众的代言人承担着与企业的沟通责任，解决关乎民生的问题，属于一种典型的委托—代理关系，政府作为公众利益的代表，应当切实公开智慧城市建设中的相

关信息，提供完善正规的信息传递及反馈渠道。此外，民众的意见是指导政府进行智慧城市建设规划的重要参考，可以指导政府进行项目可行性评估，确定智慧城市项目优先顺序，使智慧城市项目建成后更加符合地区文化习俗。

### 5.4.3　智慧城市管理协调机制的构建要点

1. 各主体之间的协调

基于治理理论的思想，作为整个智慧城市系统，多个主体构成一个合作网络，网络中各主体应达到理想的协调状态。这种协调首先应是一种多中心的行动体系。各主体同时生存在广州这一共同的环境中，没有哪一个主体拥有能独自解决所有困难的充足的资源和能力，因此在共同的困难面前，各主体相互依存，交换资源、共享信息，达成一致的意见和目标，采取一致有效的集体行动策略。在这里，行动者包含多个主体，如政府部门、企业、科研机构、民众等，各主体之间的依存作用则表现在资源、信息、组织、环境等多个方面。其次要达到的目标是行动策略上的互利。因为在合作网络中各个主体的行为都会影响其他主体，从而，单个主体进行决策时要考虑到其他主体的策略，相当于追求博弈的均衡状态，通过合作策略，创造智慧城市建设上的“共赢”状态。最后是要有协调一致的约束力。在这里，约束力可以是政府形成的法律法规，抑或各方主体通过协商所形成的为各主体所接受的正式或非正式的约束。在智慧城市的建设过程中，各方按照协调一致的原则，进行合乎预期的管理与协调。

2. 依广州实情实行特色管理

广州市作为南方名城，历来承担着中国南方的金融、贸易和交通枢纽的角色。广州在智慧城市建设方面有较强的优势，早先就实行了资金要素、人才要素、技术要素、政策要素等向智慧城市建设领域集聚的政策，起步早且投入大。智慧城市是当今城市的发展方向，广州应在管理协调的过程中，依据国家的发展战略，突出自身特色。广州的特色主要在于商贸，因此，应加强智能化国际商贸的建设，形成具有广州特色的智慧城市。对照国外商贸城市，如纽约、伦敦，广州的商贸环境还有很大的进步空间。但商贸环境的决定因素有很多，与城市的基础设施、经济水平、管理结构等都有很大关系，因而必须对多种因素进行综合协调管理，才能改善商业贸易的行情，并构建智慧商贸体系，以智慧商贸为特色，带动整个城市的智慧化进程。

### 5.4.4　智慧城市管理协调机制的组织形式

管理协调机制的构建首先依赖于管理协调组织架构，组织的架构是管理协调机制有效运行的前提。在智慧城市合作网络中，政府扮演着协调的主导作用，在我国的现实情况下，也只能由政府主导智慧城市的管理协调机制。智慧城市的建设涉及多个主体，单一部门无法有效地对智慧城市进行管理与协调，因而无法采用国际上通用的由统一部门进行管理的管理协调机制，应采用多部门组成的机构进行管理，具体的可参考构建方法是成立智慧城市管理协调委员会。该委员会在市政府的管理基础上，通过丰富横向、纵向管理人员的职能，形成正式的实现智慧城市相关主体信息交流、资源互惠的组织架构。

管理协调委员会由市政府牵头，成员应包括市政府规划部门代表、行业监管部门代表、科研人员代表、行业领先企业代表和民众代表等。委员会下分决策、管理、监督等分委会。委员会的主要职责是协调智慧城市中各主体的关系，监督智慧城市的运行，制定符合各主体共同利益的行动目标及策略，处理运行过程中的冲突及矛盾等。此外，委员会应有共同的运作规则，以广州市智慧城市建设运行为总体目标，各委员会成员意见一致，将管理协调的工作落实到智慧基础设施、智慧产业、智慧应用等各个“角落”。在委员会运行过程中，应注意处理委员会自身的缺陷，进行大胆改革，提高管理协调效率，并做到信息公开公正，上到政府、下到民众的意见都能得到充分吸收。委员会形式的管理协调组织模式如图 5-19 所示。

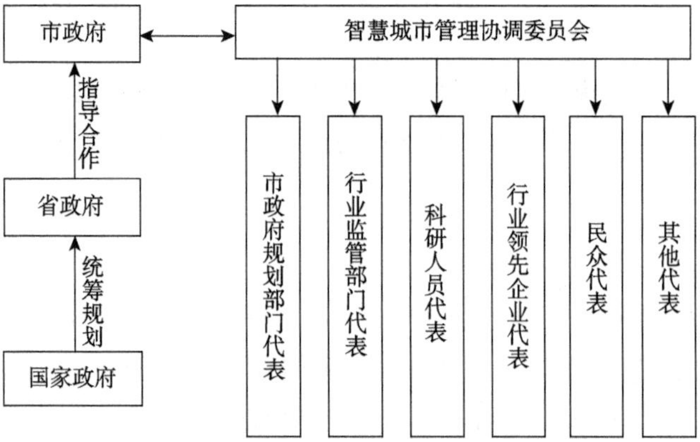


图 5-19　委员会形式的管理协调组织模式

## 5.4.5　智慧城市管理协调机制的运行规则

1. 决策体系

各主体针对智慧城市建设中的问题展开合作，首先涉及的必然是决策问题，管理协调系统的建设必然首先考虑相应的决策系统的构建，因而建立健全民主的决策体系是建立管理协调机制的必然选择。首先应扩大传统的决策范围，以整个智慧城市系统为范围，加强非政府主体的决策参与。智慧城市作为一个完整系统，管理协调机制虽由政府主导，但其他主体的意见是不可或缺的，即在一些政府行政管辖边界之外的范围，应发挥其他主体的决策、监督作用。其次，要改进现有体系中的决策程序和手段，提高决策效率。广州市智慧城市的建设才刚起步不久，很多领域探索不够，知识储备不多，这在一定程度上造成了协调决策的困难，作为主要管理者和决策者，在管理协调中起主导作用的政府应当增加自身知识储备，为科学决策提供基础。除了要加强知识储备外，在决策过程中，应当合理利用智慧科技所带来的便利，优化决策流程，提高决策效率。最后，应转变决策思维，以长期的全面决策取代功利决策。政府的决策思维从起点决定了最终决策方向的正确与否，智慧城市的建设是一个漫长的过程，政府如果采用功利决策，注重短期的建设效益，必然会影响智慧城市相关企业、科研机构的行为，进而影响智慧城市的建设质量、运行效果，最终表现为民众的不满意。因此，要从根本上改变决策者的决策思维，以全局的视角进行决策，注重各方面均衡利益以及可持续发展，从而解决各主体之间的矛盾冲突。

2. 协商体系

智慧城市的管理协调机制是通过各主体的相互协商来完成协调过程的，政府作为主导者应当建立完善的沟通平台，加强各主体之间的对话。由于各主体之间的性质、利益追求不一致，协商的渠道也应当有所区别，可采用正式的官方沟通渠道，如政府牵头的定期交流大会，也可以采用非正式的渠道，通常为了某一时期的特定目的或产生的矛盾进行不定期的协商，通常发生在非政府主体之间。政府应当灵活应用正式与非正式沟通渠道，为各方主体提供相互沟通交流的平台，在协商中逐步取得共识，最终实现共同的利益目标——智慧城市建设。

3. 冲突处理机制

对智慧城市运行中的冲突进行妥善的处理是管理协调机制的重要任务，在智慧城市建设运行的过程当中，必然会因为信息不对称、利益不均衡等产生同主体之间、不同主体之间的种种矛盾。一套完善的冲突处理机制能尽可能高效地处理冲突，并较少运用政府的强制权利。这需要建立起完善的正式法律法规规范各方主体的行为，形成法律约束，避免不合法律的冲突的产生。而由道德风险引起的冲突，应当由各主体通过非正式协商形成的为大家所签署的或社会默认的道德约束进行处理，这强调各主体的个人理性。因此，除了政府提出的正式制度外，还应引入社会冲突自我处理机制，采取公开协商、民主谈判、民众参与等方法，通过行为的引导，协调各方的利益，促进智慧城市建设的和谐运行。

# 第 6 章

# 广州市智慧城市建设中的政策环境分析及优化路径设计

本章旨在结合前述理论研究以及广州市智慧城市建设的基础条件及现状分析，梳理广州市建设智慧城市的政策，主要从两方面入手：一是智慧城市的“政策”，即直接针对智慧城市建设制定的相关政策及其配套措施和实施细则等进行关联性分析；二是分析政策里面的“智慧城市”，从战略、社会活动、经济活动、空间和支撑五个层面分别对目前广州市的创新政策体系进行梳理，并在必要时比较分析国内其他智慧城市建设的相关政策，目的在于凝练出今后广州市智慧城市建设政策改进的基本原则与政策着力点。

## 6.1 广州市智慧城市建设的政策体系

从广州市政府门户网站和广州市科技和信息化局网站，综合国家及区域主要规划纲要等政策文件中筛选出 41 项政策文件，将它们所涉及的内容主要按照战略层面、经济活动层面、空间层面、支撑层面和社会活动层面五个方面进行细分，涉及各方面的政策文件数目如图 6-1 所示。由图 6-1 可知，各个层面均有一定数目的相关政策文件出台，其中支撑层面最多，有 13 个，其次是社会活动层面的政策，有 12 个，空间层面的政策最少，为 6 个。

如表 6-1 所示，从政策文件类型的分布来看，广州市智慧城市建设的政策多以规划为主，占到了所列政策文件数的 35%。其他实施办法、意见、行动方案等类型的政策文件均较少，并且较为分散。这表明，广州建设智慧城市的政策目前尚处在规划阶段，对智慧城市建设有个大致的了解和规划，但缺乏较为具体的建设措施和执行办法，可见，政策的可操作性和执行力有待加强。

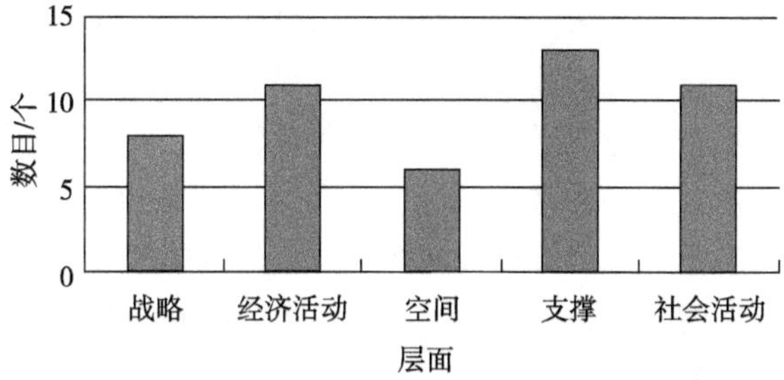


图 6-1　各个层面相关政策文件数目

**表 6-1　政策文件类型的分布**(单位：件)

| 类型 | 行动方案 | 实施办法 | 通知 | 规划 | 试行办法 | 管理办法 | 意见 | 工作报告 | 实施意见 | 条例 | 管理规定 | 扶持措施 | 总计 |
|---|---|---|---|---|---|---|---|---|---|---|---|---|---|
| 数量 | 5 | 2 | 1 | 14 | 2 | 3 | 4 | 3 | 2 | 1 | 2 | 1 | 40 |

政策文件的发布主体主要涉及市政府、省经济和信息化委员会、市科技和信息化局、市政府办公厅，以及工业和信息化局等。从表 6-2 看来，与智慧城市相关的政策主要是由市政府发布的，其发布的政策数目占比超过了我们所列政策文件总数目的 50%；其次是市政府办公厅，其发布的文件占 12.5%；从发文主体的分布来看，联合发文的数量并不多，只占 10%。广州市智慧城市建设是一个系统工程，需要各政府部门齐心协力在政策上给予指导和支持，这样制定出来的政策才更具有可操作性和实践性。而目前联合发文的数量占比较少，具体的发文主体如表 6-3 所示，其中有财政部、国家发展和改革委员会、国家能源局、市经济贸易委员会、市科技和信息化局等的参与。可见，目前政策的制定已经引发了各政府部门的注意和重视，但是尚缺乏更深层次的系统性文件的出台，这方面有待加强。

**表 6-2　政策文件发文主体的分布**(单位：件)

| 类型 | 联合发文 | 市政府 | 省经济和信息化委员会 | 市科技和信息化局 | 工业和信息化局 | 市政府办公厅 | 其他 | 总计 |
|---|---|---|---|---|---|---|---|---|
| 数量 | 4 | 21 | 2 | 2 | 1 | 5 | 5 | 40 |

**表 6-3　政策文件的联合发布分布**(单位：件)

| 联合发文主体 | 财政部、国家发展和改革委员会、国家能源局 | 市发展和改革委员会、市财政局、市经济贸易委员会、市城乡建设委员会、交市通委员会 | 市委办公厅、市政府办公厅 | 市科技和信息化局、市发展和改革委员会 |
|---|---|---|---|---|
| 数量 | 1 | 1 | 1 | 1 |

建设智慧广州是一个系统工程，需要从信息化、物联网建设、云计算等诸多方面同时建设，才能保证智慧城市的建成。从表 6-4 看来，广州市智慧城市建设的政策文件的主题分布较为广泛，涵盖了服务业发展、信息化建设、物联网发展和建设、云计算产业发展、战略性主导产业发展、智慧政府、智慧交通等方面，主题的覆盖面较为广泛，由于直接针对智慧城市建设的政策文件总量并不多，平均到每一个建设方面的政策文件就更少，政策的主题并不够深入，需要进一步加深，智慧城市建设才能高效完成。

**表 6-4 政策文件的主题分布**(单位：件)

| 主题 | 服务业发展 | 人才吸引和培养 | 综合性政策 | 高新技术产业发展 | 现代产业体系建设 | 物联网发展和建设 | 信息化建设 | 云计算产业发展 |
|---|---|---|---|---|---|---|---|---|
| 数量 | 2 | 2 | 7 | 1 | 2 | 3 | 5 | 1 |
| 主题 | 三网融合 | 智慧交通 | 智慧政府 | 医疗保险 | 战略性主导产业发展 | 智慧广州建设 | 其他 | 合计 |
| 数量 | 1 | 1 | 1 | 1 | 2 | 1 | 10 | 40 |

## 6.1.1 智慧城市建设战略层面的相关政策

政策环境为建设智慧城市、提高城市竞争力提供了基础性保障。为实现 2015 年率先建成智慧城市的目标，广州市人民政府出台了八个相关的战略层面的政策，它们分别是《珠江三角洲地区改革发展规划纲要(2008—2020 年)》、《关于加快发展物联网建设智慧广东的实施意见》、《广州市国民经济和社会发展第十二个五年规划纲要》、《广州国家创新型城市建设总体规划(2011—2015 年)》、《广州市“十二五”科学技术发展规划(2011—2015)》、《广州市现代服务业功能区发展规划纲要》、《市科技和信息化局“十一五”及 2010 年工作总结和 2011 年工作要点》和《关于实施“智慧广州”战略 建设国家中心城市的意见》。这八个文件都或多或少地从战略层面对建设智慧广州进行了规划和设计。

## 6.1.2 智慧城市建设经济活动层面的相关政策

城市持续不断的创新为产业的发展、创新提供了良好的环境和积极的氛围，推动产业的结构升级与素质提升。为解决产业结构优化的核心问题，广州市分别颁布《中共广州市委广州市人民政府关于大力推进自主创新加快高新技术产业发展的决定》等相关政策，为调整产业结构、构建多元化合作模式、提高产业技术水平提供基础保障。

2010 年，广州市发展和改革委员会初步选择新能源、新材料、电动汽车等十大战略性新兴产业作为重点发展方向。其总体思路是：依托知识城、科学城、大学城打造集知识生产、传播、运用和营销于一体的知识创新区，打造华南科技创新中心，大力推进国家创新型城市建设，成为亚太地区重要的创新中心和成果转化基地。2011 年根据国家“十二五”规划、《国务院关于加快培育发展战略性新兴产业的决定》，广州市已经初步将商贸会展、金融保险、现代物流、文化创意、商务与科技服务、汽车制造、石油化工、电子产品、重大装备等有规模、已发挥重要支撑作用的产业，以及新一代信息技术、生物与健康产业、新材料、节能环保、新能源汽车、新能源等有潜力、引领未来发展的产业，明确为广州市“十二五”期间重点发展的战略性主导产业，并遵循“突出集群发展、突出创新驱动、突出品牌引领、突出功能提升”的政策导向推动战略性主导产业的发展。

广州市在建设智慧城市过程中加大对战略性新兴产业的财政投入以推动智慧产业的发展。2010 年广州市战略性新兴产业扶持情况如图 6-2 所示。

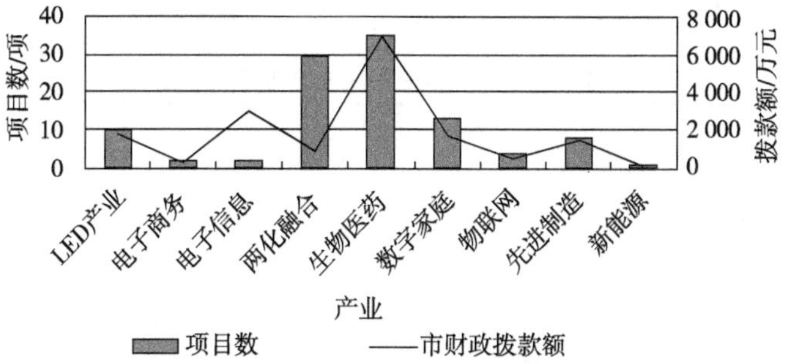


图 6-2　2010 年广州市战略性新兴产业扶持情况

目前，广州的产业发展呈现如下特点：一是高新技术产业稳步增长，但与其他城市相比规模偏低。二是品牌企业不断做大做强，但是自主品牌的影响力不足。三是产业结构不断优化，但尚有较大的增长空间。2001～2010 年广州市产业结构优化情况见表 6-5。

**表 6-5　2001～2010 年广州市产业结构优化情况**

| 年份 | 2001 | 2002 | 2003 | 2004 | 2005 | 2006 | 2007 | 2008 | 2009 | 2010 |
|---|---|---|---|---|---|---|---|---|---|---|
| 地区生产总值/亿元 | 2 684 | 3 014 | 3 466 | 4 115 | 5 115 | 6 068 | 7 050 | 8 215 | 9 112 | 10 604 |
| 第一产业占比/% | 3.57 | 3.4 | 3.0 | 1.1 | 0.8 | 1.0 | 0.8 | 0.3 | 0.6 | 0.4 |
| 第二产业占比/% | 42.33 | 40.9 | 43.4 | 51.2 | 46.6 | 42.7 | 43.1 | 35.1 | 29.3 | 38.4 |
| 第三产业占比/% | 54.10 | 55.7 | 53.6 | 47.7 | 52.6 | 56.3 | 56.1 | 64.6 | 70.1 | 61.2 |

续表

| 年份 | 2001 | 2002 | 2003 | 2004 | 2005 | 2006 | 2007 | 2008 | 2009 | 2010 |
|---|---|---|---|---|---|---|---|---|---|---|
| 高新技术产业产值/亿元 | — | — | — | — | — | 2 187 | 2 963 | 3 981 | 4 103 | 5 670 |

由于处于改革开放的前沿，广州市智慧城市建设起步较早，在产业结构调整程度、创新平台多样化程度、内外部资源整合效率等方面具有相当的优势，但是与北京、上海、深圳等城市对比而言，要实现2015年建成智慧城市的目标，仍然需要在产业政策设计、互补性资源配置以及创新平台建设等方面适度调整，尤其在促进以产学研为主体的产业技术供给体系建设上，应充分利用产学研联盟、示范基地、技术中心与工程中心等技术平台的研发资源，深层次探索企业发展中产业技术与产品技术的供给与转化问题，具体如表6-6所示。

**表6-6 全国主要智慧城市产业政策比较**

| 地区 | 广州 | 深圳 | 北京 | 上海 |
|---|---|---|---|---|
| 产业结构 | 确立新能源、电动汽车等十多个战略性主导产业；在优势突出、区域特色鲜明的战略性新兴产业、先进制造业、现代服务业及科技服务业中，发展一批经济效益显著、综合创新能力强，在国内或国际同行业中具有领先地位的创新型龙头企业 | 培育新兴产业和新生业态，促进产业链价值链高端化；将高新技术产业、现代物流业、金融服务业和文化产业作为四大支柱产业 | 充分发挥中关村科技园区在首都创新体系中的龙头带动作用；优化中关村科技园区产业发展空间，增强创新辐射力 | “科教兴市”战略；民营企业逐渐成长壮大 |
| 产业技术 | 设立“创新型企业”专项资金支持，推动一批企业掌握核心技术和自主知识产权；促进形成一批具有示范作用的产业共性、关键技术创新平台和产学研战略联盟，攻克一批重大共性、关键技术 | 基本形成了以企业为主体的“四个90%”自主创新体系；依托制造业基础，大力加强原始性创新、集成创新和引进消化吸引再创新，特别是加大核心技术、高新技术引进、消化、吸收的力度 | 攻克一批支持可持续发展的关键技术，加快资源节约环境友好型宜居城市建设；培育一批科技与文化结合的共性技术，促进文化创意产业发展 | 推动“2+2+X”的高校布局结构；聚焦张江战略，推进“一区六园”高新技术产业集聚发展 |

续表

| 地区 | 广州 | 深圳 | 北京 | 上海 |
| --- | --- | --- | --- | --- |
| 创新平台 | 促进企业进一步加强研发机构建设，改善科研仪器设备及产品中试条件，强化核心技术和新产品研发能力，引进技术的消化、吸收和再创新能力，以及科技成果产业化能力；以企业为主体，促进并形成多种形式的政产学研用合作组织和战略联盟，建立政产学研用相结合的产业共性、关键技术创新平台 | 培育以创新创业型人才为主力的高素质人才队伍，构筑创新型人才平台；积极与海内外著名的高校和科研机构加强合作，构筑技术开发平台、传统产业技术平台、技术产权交易平台、信息平台以及检测平台等公共平台 | 搭建共性技术与公共技术研发支撑平台，完善科技资源共享机制；加强大学科技园、孵化器建设，完善成果转化机制；大力培育和发展各类科技中介服务机构 | 建设一批企业技术研究中心、市级重点实验室和国家工程研究中心，同时，积极筹建若干国家级实验室，推动“五个公共服务平台”等创新支持体系建设 |

资料来源：《中共广州市委广州市人民政府关于大力推进自主创新加快高新技术产业发展的决定》、《深圳国家创新型城市总体规划(2008—2015)》、《中共深圳市委深圳市人民政府关于加快建设国家创新型城市的若干意见》、《创新型国家与创新型城市战略：上海的选择》、《北京现代化报告 2007——北京创新型城市建设评价研究》等

### 6.1.3　智慧城市建设空间层面的相关政策

近年来，广州市政府先后制定的政策文件中有关智慧城市空间层面建设的有六个，分别是《2012 年广州市政府工作报告》、《促进物联网发展建设智慧广东行动方案》、《市科技和信息化局“十一五”及 2010 年工作总结和 2011 年工作要点》、《关于市区联动支持番禺节能科技园先行先试进一步加快发展的若干措施》、《广州南沙智慧岛建设战略规划》和《广佛肇经济圈发展规划(2010—2020 年)》，它们从社区、区域、城市等角度对智慧城市建设提供思路，具体如表 6-7 所示。

**表 6-7　广州智慧城市建设空间层面政策内容**

| 政策 | 政策主要内容 |
| --- | --- |
| 《2012 年广州市政府工作报告》 | 从三个方面着力推进南沙新区开发建设——高标准做好新区规划、大胆先行先试、扎实做好起步区建设；从五个方面着力构筑岭南特色的生态城市——改善空气环境质量、深化水环境治理、加强废弃物处置和利用、提升城市森林绿化水平、开展生态城市建设试点 |
| 《促进物联网发展建设智慧广东行动方案》 | 加快“天河智慧城”建设，发挥核心区位优势，选择 2～3 个条件成熟的社区进行智慧化改造；启动南沙智慧岛建设，重点推进智慧岛中心基础设施、技术中心、智慧创新园、国际智能港口等载体建设，带动电子信息、软件与服务外包等产业的发展等 |

续表

| 政策 | 政策主要内容 |
|---|---|
| 《市科技和信息化局“十一五”及2010年工作总结和2011年工作要点》 | 推进建设一批基层智慧试点，首先大力推进社区“五个一”工程，同步建设社区视频监控中心，着力抓好社区综合服务中心建设，建立健全社区信息网络平台，推动便民服务进社区。大力推进国家数字家庭应用示范，选择番禺等地开展家庭三网融合和综合信息服务进家庭应用示范，力争数字家庭应用示范用户数突破20万 |
| 《关于市区联动支持番禺节能科技园先行先试进一步加快发展的若干措施》 | 要做大做强广州市低碳经济示范园区、物联网产业示范园区和国家动漫游戏网络基地，支持“云计算”、物联网相关科研和公共服务机构进驻园区，对符合政策规定的园区或产业落实扶持措施 |
| 《广州南沙智慧岛建设战略规划》 | 未来广州将加快南沙智慧岛规划组织实施，制订实施方案，积极争取国家和省的政策支持，先行建立和完善与南沙智慧岛发展定位相匹配、与港澳自由港政策相衔接的政策体系 |
| 《广佛肇经济圈发展规划(2010—2020年)》 | 要构筑世界级的现代产业体系：优先发展现代服务业、加快发展先进制造业、着力培育战略性新兴产业、升级做强传统优势产业等 |

### 6.1.4 智慧城市建设支撑层面的相关政策

广东省政府于2011年4月发布的《促进物联网发展建设智慧广东行动方案(2011—2012)》中指出，要以智慧城市试点和重点领域应用为突破口，大力推进物联网的普及应用，以应用引领物联网技术的研究开发和产业化，做大做强物联网产业，带动广东省产业转型升级，全面推进智慧广东、幸福广东建设。

广州市科技和信息化局于2012年发布的《关于加快云计算产业发展的行动计划(2011—2015年)》(即“天云计划”)，指出云计算产业是广州市战略性新兴产业发展的突破口，加快云计算产业发展是广州市抢抓发展机遇，建设新一代信息基础设施，提升软件和信息服务业发展水平，加速中国软件名城和“智慧广州”建设的重大战略举措，广州市“天云计划”“五个一”工程如图6-3所示。

广州市获批成为三网融合试点城市，按照建设国家创新型城市和“智慧广州”的战略部署，根据国务院办公厅关于三网融合有关文件精神，结合广州市实际情况，制定《广州市三网融合试点建设工作方案》。

《中国智慧城市体系结构与发展研究报告》对“智慧城市”所做的一个较为全面的解释是：“一种全新的城市形态，构建了支撑城市发展的智慧化环境。它运用物联网、云计算、光网络、移动互联网等前沿信息技术手段，把城市里分散的、各自为政的信息化系统整合起来，提升为一个具有较好协同能力和调控能力的有机整体，对公众服务、社会管理、产业运作等活动的各种需求做出智能的响应。”从技术角度看，建设“智慧城市”离不开物联网、互联网、无线网络、云计算、卫

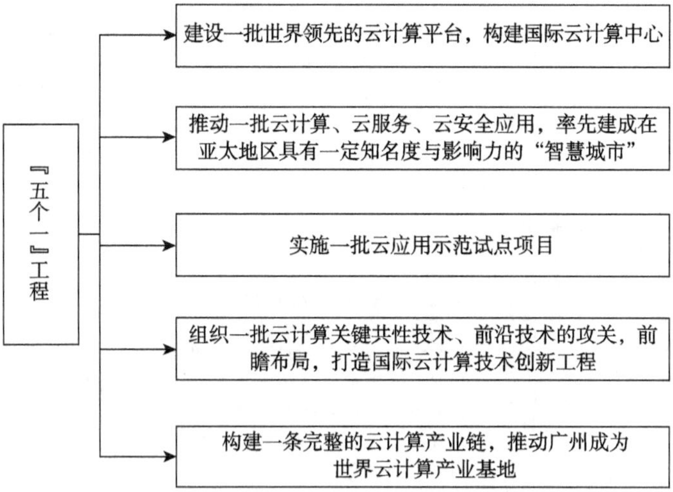


图 6-3　广州“天云计划”“五个一”工程

资料来源：根据政府工作会相关资料整理

星定位等关键技术的支撑。广州市政府在物联网、云计算和三网融合这三个方面都有出台专门的政策，具体内容如表 6-8 所示。

**表 6-8　广州市智慧城市建设三个主要方面政策内容总结**

| 文件 | 《促进物联网发展建设智慧广东行动方案（2011—2012）》 | 《关于加快云计算产业发展的行动计划（2011—2015 年）》 | 《广州市三网融合试点建设工作方案》 |
|---|---|---|---|
| 发展目标 | 到 2012 年<br>物联网产业产值达到 1 000亿元，规模以上企业超过 1 000 家，发明专利受理和技术标准超过 1 000项，M2M 应用终端数量超过 1 000 万台 | 到 2015 年<br>云计算平台：建成 5 个以上国际水平的云计算服务平台。云计算技术：突破 10 项以上云计算关键技术，形成一批领先的专利技术，制定一批创新性云计算技术标准。云计算服务：推广 10 个以上云计算试点示范，形成一批带动能力强的示范应用工程。云计算产业：争取实现 150 亿元以上的云计算产业规模，带动 600 亿元相关产业链产值，形成特色鲜明、优势突出的云计算产业 | 到 2015 年<br>实现新建楼宇光纤覆盖率达 100%，逐步提升城区光纤到户覆盖率；广州市互联网普及率达到 80%，家庭宽带普及率达到 85%，无线宽带网络覆盖率达到 85%。建立资源共享、竞合有序的市场运行机制；在全市范围内逐步构建起良好的网络信息安全体系和“可控、可管、可查、可信”的下一代广播电视网络等 |

续表

| 文件 | 《促进物联网发展建设智慧广东行动方案（2011—2012）》 | 《关于加快云计算产业发展的行动计划（2011—2015 年）》 | 《广州市三网融合试点建设工作方案》 |
|---|---|---|---|
| 主要任务及重要举措 | 建设智慧广州，探索中心城市物联网综合应用新模式；加快天河智慧城建设，发挥核心区位优势引导聚集 1 000 家高端信息服务企业，3 年内形成配套完善的产业体系；启动南沙智慧岛建设，重点推进智慧岛中心基础设施、技术中心、智慧创新园、国际智能港口等载体建设，带动电子信息、软件与服务外包等产业的发展 | 建设一批服务全球的云计算基础设施；推广一批典范效应明显的云计算服务；开展一批需求驱动的云计算示范试点；掌握一批自主可控的云计算关键技术；构建一条优势突出的云计算产业链；打造一批各具特色的云计算产业基地 | 推动广电、电信试点业务双向进入；统筹规划，加快网络建设改造和资源共享；强化网络信息安全和文化安全监管；市区联动，切实推动新兴产业发展 |

除上述重点建设的三大方面的政策外，还有一批与智慧城市支撑体系建设相关的政策，如《促进物联网发展建设智慧广东行动方案》、《广州市信息化促进条例》、《广州市节能专项资金管理办法》等。

### 6.1.5 智慧城市建设社会活动层面的相关政策

广州市政府颁布了《广州市社会保障卡管理办法》，规范广州市社会保障卡的使用和管理，维护持卡人的合法权益，提高政府社会管理和公共服务水平；广州市发展和改革委员会、财政局、经济贸易委员会等联合发文《广州市节能专项资金管理办法》以推动广州市节能工作的开展，加快建设资源节约型、环境友好型社会；此外，《广州国家创新型城市建设总体规划（2011—2015 年）》、《广州市政府信息共享管理规定》、《广州市城镇居民基本医疗保险试行办法》等提出了建设智慧城市社会活动层面的相关政策。

广州智慧城市建设社会活动层面的政策，主要从政府、非政府组织、企业和市民四个角度来制定，我们从这四个方面，对在广州市政府门户网站和广州市科技和信息化局上搜集的政策文件进行了分类，如表 6-9 所示。

表 6-9　广州智慧城市建设社会活动层面政策分类

| 政策角度 | 政策文件名 | 与智慧城市建设具体内容 |
| --- | --- | --- |
| 政府 | 《广州市社会保障卡管理办法》、《广州市政府信息共享管理规定》、《2011 年广州市科技和信息化局政府信息公开年度报告》、《广州国家创新型城市建设总体规划(2011—2015 年)》、《广州市人力资源和社会保障事业发展第十二个五年规划》 | (1)加大系统信息化建设的投入，共计投入 100 万元，重点加强广州科技信息网络平台支撑环境建设，加强对“政务动态”、“在线受理”等栏目的建设；<br>(2)规范政府发放社会保障卡的申请、认领、注销等流程；<br>(3)对政府信息共享进行信息化管理；<br>(4)加速信息化推进政府效能建设；<br>(5)健全人力资源社会保障公共信息管理服务平台，完善基础设施，加强门户网站建设，统一政务服务窗口，推进网办项目和电子政务平台建设 |
| 非政府组织 | 《中共广州市委广州市人民政府关于加快吸引培养高层次人才的意见》10 个配套实施办法、《2012 年广州市政府工作报告》、《广州国家创新型城市建设总体规划(2011—2015 年)》 | (1)对广州市高层次人才的住房问题、医疗保障、子女入学、配偶就业等进行扶持的实施办法；<br>(2)按照标准化、常态化、网格化、智能化、人性化的要求，全面创新城市管理；<br>(3)实施“天网工程”，建立统一联动的数字化城市管理信息平台；<br>(4)推进新一代智慧城市基础设施建设和应用，提升城市信息化、智能化水平，打造无线宽带城市和国际枢纽型信息港，提高信息服务能力和质量 |
| 企业 | 《广州市创新型企业建设工作方案》 | (1)加大对创新型企业研发的支持力度；<br>(2)设立“创新型企业”专项资金支持；<br>(3)加大对创新型企业的融资支持；<br>(4)加强对创新型企业创新人才队伍建设支持；<br>(5)支持创新型企业开展深层次政产学研用合作；<br>(6)对取得突出成效的创新型企业给予表彰和奖励 |
| 市民 | 《关于低收入居民消费性减免政策的通知》、《广州市城镇居民基本医疗保险试行办法》 | (1)对低收入居民实行消费性减免政策；<br>(2)保障城镇居民基本医疗需要，提高城镇居民基本医疗保障水平 |

## 6.2　广州市智慧城市相关政策的系统性和主体利益分析

政策关联性研究旨在分析不同政策之间的关联程度。该方法首先列出纲领性和实施性政策文件，分别研究该政策体系的系统性、实施性政策对指导性政策的支撑程度以及政策间是否存在冲突等问题，据此分析不同政策主体之间的利益关系，即政策主体利益关联性分析。“智慧广州”规划纲要、配套政策及实施细则系统框架如图 6-4 所示。

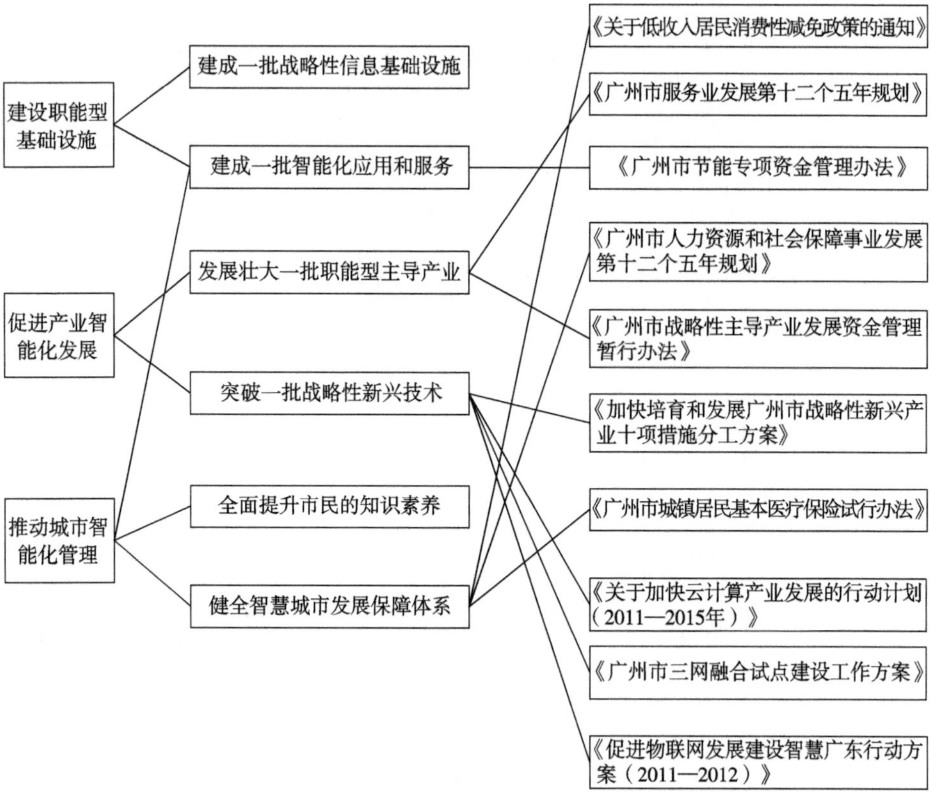


图 6-4 “智慧广州”规划纲要、配套政策及实施细则系统框架

### 6.2.1 系统性分析

从政策层次维度来看，智慧城市建设政策主要包括规划纲要、配套政策和实施细则三个层面，从上到下政策可操作性越来越强。智慧广州不同层次的政策间有很强的外在关联性和内在的逻辑性，初步形成了较完善的政策体系。总体来看，智慧广州政策系统一般，大部分配套政策有实施细则支撑，但是也有不少规划纲要还没有相关的实施细则作为支撑。

规划纲要智慧城市建设部分包括三点政策措施：①建设职能型基础设施；②促进产业智能化发展；③推动城市智能化管理。为推进规划纲要的实施，配套政策从六个方面对规划纲要智慧城市建设进行细化，包括：①建成一批战略性信息基础设施；②建成一批智能化应用和服务；③发展壮大一批职能型主导产业；

④突破一批战略性新兴技术；⑤全面提升市民的知识素质；⑥健全智慧城市发展保障体系。为落实规划纲要和配套政策，满足建设智慧广州的政策，相继出台了一批相关细则。

总体而言，智慧广州建设实施细则为配套政策的贯彻落实提供了一定的支撑。例如，《关于低收入居民消费性减免政策的通知》、《广州市人力资源和社会保障事业发展第十二个五年规划》和《广州市城镇居民基本医疗保险试行办法》为健全智慧城市发展保障体系提供了支撑。但是也有配套政策没有得到相关实施细则的支撑，如建成一批战略性信息基础设施和全面提升市民的知识素质，就缺乏相应的实施细则作为支撑。此外，还有部分实施细则对配套政策的支撑存在可操作性问题，如《广州市服务业发展第十二个五年规划》就缺乏可操作性的实施细则。有的实施细则仅是配套政策的简单重复，如《加快发展战略性新兴产业培育成支柱产业》就仅仅是配套政策《突破一批战略性新兴技术》的重复。

### 6.2.2　政策主体利益分析

实施细则主体利益分析包括实施细则制定主体利益关联性分析和受益主体利益关联性分析。配套政策的实施细则在制定时应当加强部门间沟通和密切配合，以确保实施细则制定工作按时保质完成，实施细则制定过程中，要主动、充分征求有关部门意见，增强其指导性和可操作性。然而，智慧广州配套政策实施细则由于政策对象和政策范围较广，政策制定主体和政策受益主体较多，利益关系相对复杂。

智慧广州实施细则的制定主体包括科技和信息化局、经济贸易委员会、市交通委员会、发展和改革委员会等部门，有的联合发文，有的单独发文。那些单独发文的实施细则，一些部门从自身利益出发，在实施细则制定过程中偏重于对自己原有职能或利益的保护，导致与其他实施细则的利益导向或操作层面存在不一致和冲突。智慧广州实施细则的受益主体主要包括企业、高等院校、市民等。总体来看，受益主体以企业居多，大部门实施细则十分重视战略性新兴产业的发展和信息化基础设施的建设。此外，还有高校和科研院所，企业越来越多地从产学研合作、从高等院校和科研院所的技术扩散和溢出中获益。

## 6.3　广州市智慧城市建设优化路径与政策建议

### 6.3.1　广州市智慧城市建设的优化路径

智慧城市建设是一项系统工程，这个过程会涉及城市及居民的方方面面，智慧城市能否成功建设将会深刻影响居民的生产和生活。因此，将智慧城市的建设提到战略议程上来就变得十分有必要。就智慧城市的建设而言，一方面，需要技术和金融的创新，前者解决的是智慧城市建设的信息化问题，后者解决的是智慧城市的资金来源问题；另一方面，也需要在发挥市场配置资源的基础性作用的同时发挥政府的引导和抓手作用，完善相关的标准和法规。

结合前述广州智慧产业发展实际情况，我们建议从“构建一个核心通道”和“整合一个公共平台”来助推广州产业的转型升级。

1. 构建以技术创新为核心的高新技术产业发展的高速通道

高新技术产业的发展，一方面可以改造传统产业，另一方面可以积极构建现代产业集群新体系。

就改造传统产业而言，积极引进各种高新技术(如信息技术)来推进企业管理信息系统建设、数字化设计和清洁化生产，全面提升传统产业产品在外观设计、工艺流程、使用功能等方面的科技含量，从而提高工艺技术水平和附加值，是被实践证明的行之有效的方式，如韩国和中国台湾地区的一些产业的成功改造就得益于高新技术在其中扮演的角色。

就构建现代产业集群新体系而言，产业集群作为一种行之有效的生产和组织方式，业已成为众多发达国家和地区实现经济腾飞和跨越的重要战略手段。现代产业集群新体系成功与否的一大关键在于能否促进产业集群内企业的差异化竞争而非同质化竞争。差异化竞争的关键在于技术创新，所以，要发挥技术创新的核心主导作用，驱动高新技术产业的发展和现代产业集群新体系的形成。但是技术创新存在外部性，由此造成了部分技术创新的市场失灵，所以政府必须在其中发挥应有的抓手作用，推进技术创新，大力引导企业间的竞争方式由价格的恶性竞争转向非价格的良性竞争，推行品牌差异化，实现市场和服务差异化，最终通过企业的技术创新实现高新技术产业及其带动下的传统产业和产业集群良性循环和升级。

2. 整合提升公共技术服务平台， 支持产业转型升级

前面提及有部分直接关系整个产业的技术(如共性技术)存在市场失灵，所以政府需在其中发挥应有的作用。政府在其中的主要角色是整合提升公共技术服务平台，发挥官产学研的资源互补和协同创新的优势，通过搭建平台让各方一起解决关系国家和产业的重大关键和共性技术问题，为技术创新提供强劲持久的推动力，从而为“智慧城市”建设提供根本保障。

具体而言，政府一方面要大力支持现有的产学研合作，另一方面要着力解决在合作过程中存在的各种问题，如产学研合作中普遍存在合作层次低、总体效果不佳等问题。政府在干预的同时，也要注意发挥市场配置资源的基础性作用，不必事必躬亲，而是应该发挥各行业领军企业的作用，辅助这些领军企业更好地改善行业生态，让技术创新成为每一个有志于走向全国和世界竞争的企业的选择。

### 6.3.2　广州市智慧城市建设的政策建议

基于前面的分析，我们提出以下几条政策建议，以助推广州智慧城市建设。

1. 尽快建立物联网和城市信息化管理系统的国家标准

物联网在智慧城市的建设过程中有着举足轻重的作用，直接关系到智慧城市建设的大局，而物联网方面国家标准规范的缺乏极大地制约了智慧城市的建设。因此，为了更好地促进智慧城市的建设和发展，国家标准的制定和出台已刻不容缓。同时，为了使风险和成本降到最低，可以选取几个城市进行小范围试点，试点成功后再进行逐步推广。

2. 明确城市信息化的战略取向

“战略决定成败”，明确城市信息化的战略取向是城市信息化建设的首要任务。与众多发达国家不同，我们在城市信息化建设和推进上主要集中于信息化战略中的一大战略——信息技术应用层面，而忽略了“争核心技术和产业”及“争经济转型”这两个战略。当然，这个忽略一方面是客观现实因素制约使得这方面的努力事倍功半，成效不佳；另一方面则是国家和政府在主观认识上还没有将其放在突出位置，实行统一的战略部署。因此，无论是智慧城市建设还是城市信息化建设，国家和政府都应制定统一的发展战略指导，在原来“争应用水平”的基础上还要着重“争核心技术和产业”、“争经济转型”及“争国家安全”，坚持以人民为主的发展战略，把信息技术的自主创新和发展放在更加突出的位置，提高信息化安全和可控能力。

3. 城市规划要高标准，并有远瞻性和连续性

当前许多城市的城市规划形同虚设，甚至可以说没有规划，带来了巨大资金浪费和损失，影响了政府形象。例如，我们经常碰到新铺的马路没过几天，就被开了一道道口子；近年来，许多城市都遭受了强降水的袭击，导致内涝，给人们的日常生活带来极大不便，而青岛老城区经历了百年却几乎看不到类似现象。因此，我们的城市规划必须从市民的衣、食、住、行出发，要高标准、严要求，要有连续性，不能随意更改，实施可持续发展的城市规划。

4. 实施国家宽带计划，加强基础设施建设

现在很多国家都制订了国家宽带计划，韩国甚至已基本实现，而我国的国家宽带计划却迟迟未能出台。因此，要尽快出台国家宽带计划，在消除城乡数字鸿沟的基础上，结合数字城市规划和电子政务平台建设，建立无所不在、无缝连接的城市网络系统，这是实现智慧城市的基础。上海虽然建设了“城市光网”，但这也不过是迈向智慧城市的第一步，是推行智慧城市的必要条件而已。

加强物联网等新兴技术的研发，掌握关键技术。目前，在传感器、芯片，尤其是超高频 RFID 等物联网核心技术层面，我国企业尚未掌握自主知识产权。如

果不能在这些方面取得突破，即使建成了智慧城市也将处处受制于人。

从国家战略高度考虑信息安全问题。智慧城市由于数据量传输及交互极其庞大，因此信息安全显得尤为重要。对此，要健全网络与信息安全法律法规，完善信息安全标准体系和认证认可体系，实施信息安全等级保护、风险评估等制度；加快推进安全可控关键软硬件应用试点示范和推广，加强信息网络监测、管控能力建设，确保基础信息网络和重点信息系统安全；推进信息安全保密基础设施建设，构建信息安全保密防护体系；加强互联网管理，确保国家网络与信息安全。

5. 认真总结“××城市”建设的经验教训

近年来，全国各地非常热衷于建设“××城市”。就城市信息化而言，进入21世纪以来，“数字城市”、“智慧城市”等名词就不断涌现，本质只是换汤不换药而已。世界的实践经验证明，城市信息化不是一个一蹴而就的事情，而是一个长期的艰巨的任务，因此，基于城市的不同发展阶段提出相应的目标是很有必要的，但不能因此而赶潮流。“数字城市”和“无线城市”的真正实施都只是近期的事，它们是成功的案例，但是，更多的是处于尴尬境地的案例。有鉴于此，现在一定要全盘考虑“智慧城市”的建设目标，在认真吸取以往信息化建设过程中被各种概念“牵着鼻子走”的经验教训，深入了解本地实际情况和未来发展趋势的基础上再相机而动，制定一个符合既“顶天”——与国际接轨、又“立地”——立足本地的“智慧”规划。

6. 营造一个适合“智慧城市”生长的社会环境

随着国家城镇化战略的推进，人口会越来越集中，广州作为南中国的一个窗户，吸引着来自全国和世界各地的人群，因此，建设宜居的“智慧城市”任务更加艰巨。为了切实让“智慧城市”能够在广州茁壮成长，必须营造一个适合“智慧城市”生长的社会环境。社会是由人组成的，因此，营造一个适合“智慧城市”生长的社会环境的关键在于其中的“人”，而“人”的核心问题是人的素质的高低。所以，为了让城市真正能够“智慧”起来，首先要解决人的素质问题，而素质的提高重在教育和培训。教育一方面可以通过正式的初等和高等教育来完成，另一方面也可以借助广泛的社会新媒体的力量来正确引导人们的价值观，使之更符合社会主义核心价值体系，从而切实提高人民群众的素质。培训则主要通过现代信息技术的普及来完成，让人民群众能够切实掌握各种先进的信息技术，为“智慧城市”相关措施的推进奠定坚实的人民群众基础。

7. 建设一个更加“智慧”的政府

国家信息化战略要求各地政府能够切实推进城市信息化，政府自然就成为推进城市信息化、建设“智慧城市”的一大主体。因此，政府自身必须以身作则、率先示范，这样政府的各项政策法规才更有说服力。政府自身的以身作则就是政府自身的信息化。近年来，各级政府自身信息化，如电子政务建设取得了很大的成效，得到了很多人民群众的衷心拥护，但不可否认的是，这其中也存在不少问题，重复建设、效益较低的问题始终没有得到妥善解决。重复建设问题造成了人民纳税钱的浪费，效益低下问题直接影响人民对政府的满意度。所以，在谋划“智慧城市”的同时要加强政府自身信息化，特别是电子政务的建设和应用，建设一个更能反映人民诉求和更加适合经济社会发展的“智慧”政府。而要实现这个“智慧”政府的目标，首先就要厘清“为人民管理城市”和“为城市管理人民”的根本区别，本着“为人民管理城市”的理念，应该以人为本，分阶段、分步骤地推进各项部署，让广大人民群众和“智慧”政府一道建设“智慧城市”，满足最广大人民群众的根本利益需求。

# 参考文献


陈劲 . 2010. 绿色智慧城市(二)绿色智慧城市的构想[J]. 信息化建设，(4)：12～17.

陈柳钦 . 2011. 智慧城市：全球城市发展新热点[J]. 青岛科技大学学报(社会科学版)，(1)：8～16.

戴超群 . 2008. 创新型城市评价指标体系研究及其在南京市的应用[D]. 南京航空航天大学硕士学位论文 .

冯茂岩，蒋兰芝 . 2011. 浅谈“智慧城市”与“智慧产业”发展——以南京为例[J]. 改革与战略，(9)：127～128.

何东 . 2012. 智慧城市创新发展模式和策略探讨[J]. 信息通信，(1)：265～266.

胡文华 . 2007. 关于社会经济统计综合评价指标体系的选择[J]. 统计研究，7：55～57.

康春鹏 . 2012. 智慧社区在社会管理中的应用[J]. 北京青年政治学院学报，(2)：72～76.

李德仁 . 2011. 数字城市＋物联网＋云计算＝智慧城市[J]. 中国新通信，(20)：46.

李德仁，邵振峰，杨小敏 . 2011. 从数字城市到智慧城市的理论与实践[J]. 地理空间信息，(6)：1～5.

李纪珍 . 2005. 产业共性技术发展的政府作用研究[J]. 技术经济，(9)：19～22.

李纪珍 . 2011. 共性技术供给与扩散的模式选择[J]. 科学学与科学技术管理，(10)：5～12.

李奎，陈丽佳 . 2011. 广东战略性新兴产业促进改革政策研究[M]. 广州：华南理工大学出版社 .

李琦，刘纯波，承继成 . 2003. 数字城市若干理论问题探讨[J]. 地理与地理信息科学，(1)：32～36.

李贤毅，邓晓宇 . 2012. 智慧城市开启未来生活——科学规划与建设[M]. 北京：人民邮电出版社 .

郦月飞 . 2013. 智慧城市建设的关键技术研究[J]. 企业技术开发，(3)：82～83.

吕旸，蒋黎晅，陈云松 . 2005. 区域规划与治理的整合——“智慧增长”模式评析[J]. 科技与经济，(6)：59～61.

骆小平 . 2010. 智慧城市的内涵论析[J]. 城市管理与科技，(6)：34～37.

秦洪花，李汉清，赵霞 . 2010. “智慧城市”的国内外发展现状[J]. 信息化建设，(9)：50～52.

单志广 . 2012. 2012 年第二届中国智慧城市大会上的发言[C].

上海社会科学院信息研究所 . 2011. 智慧城市论丛[M]. 上海：上海社会科学院出版社 .

史璐 . 2011. 智慧城市的原理及其在我国城市发展中的功能和意义[J]. 中国科技论坛，(5)：97～102.

史文勇，李琦 . 2006. 数字城市：智能城市的初级阶段[J]. 地学前缘，(3)：99～103.

王晗 . 2013. 国内外智慧城市建设关键要素及其耦合研究[J]. 河南科学，(10)：1764～1768.

王辉，吴越 . 2010. 智慧城市[M]. 北京：清华大学出版社 .

王家耀，刘嵘，成毅，等 . 2011. 让城市更智慧[J]. 测绘科学技术学报，(2)：79～83.

王静 . 2013. 基于集对分析的智慧城市发展评价体系研究[D]. 华南理工大学硕士学位论文 .

王世伟 . 2012. 说“智慧城市”[J]. 图书情报工作，(2)：5～9.

温家宝 . 2009. 让科技引领中国可持续发展[C].

邬贺铨 . 2011-12-01. 智慧城市与智联服务[EB/OL]. CCTIME 飞象网 .
吴胜武，闫国庆 . 2010. 智慧城市：技术推动和谐[M]. 杭州：浙江大学出版社 .
吴余龙，艾浩军 . 2011. 智慧城市——物联网背景下的现代城市建设之道[M]. 北京：电子工业出版社 .
谢昕 . 2012. 我国智慧城市发展现状及相关建议[J]. 上海信息化，(1)：12～15.
杨冰之，郑爱军 . 2012. 智慧城市发展手册[M]. 北京：机械工业出版社 .
杨再高 . 2010. 智慧城市理念与未来城市发展[J]. 城市发展研究，(11)：56～60.
杨再高 . 2012. 智慧城市发展策略研究[J]. 科技管理研究，(7)：20～24.
杨再高，陈来卿 . 2005. 珠江三角洲城市密集区市场化差异研究[J]. 经济地理，25(30)：369～372.
张黎，蓝峻 . 2005. 建设知识城市的经济学思考[J]. 探索与争鸣，(7)：181～183.
张永民 . 2010. 解读智慧地球与智慧城市[J]. 中国信息界，(10)：23～29.
张云霞，来勐，成建波 . 2011. 智慧城市概念辨析[J]. 电信科学，(12)：85～89.
周万生 . 2005. 构建学习型城市，提升城市竞争力[J]. 经济学家，(6)：87～90.
周卫东 . 2011. 聚焦"智慧城市"建设、推动无线电管理上新台阶[J]. 今日科技，(5)：2～3.
祝东伟 . 2006. 国外产学研合作典型模式的研究与启示[J]. 中国科技产业，(12)：78～81.
Anthopoulos L，Fitsilis P. 2010. From digital to ubiquitous cities：defining a common architecture for urban development [C]. Proceedings of the 6th International Conference on Intelligent Environments，Kuala Lumpur，Malaysia.
Caragliu A，Bo C D，Nijkamp P. 2009. Smart cities in Europe[C]. 3rd Central European Conference in Regional Science.
Forrester Research，Inc. 2010. Helping CIOs understand "smart city" initiatives：defining the smart city，its drivers，and the role of the CIO[R].
Giffinger R. 2007. Smart cities ranking of European medium-sized cities[R].
Giffinger R，Fertner C，Kramar H，et al. 2007. Smart cities：ranking of European medium-sized cities [R]. Centre of Regional Science，Vienna University of Technology.
Glaeser E L，Berry C R. 2006. Why are smart places getting smarter? [EB/OL]. http://www.hks.harvard.edu/content/download/70209/1253646/version/1/file/brief _ divergence.pdf.
Hanson J D，Zhang J. 1966. A Kaldorian Approach to Regional Economic Growth in China [M]. London：Cambridge University Press.
IBM. 2008. 智慧城市白皮书[R].
IBM 商业价值研究院 . 2009. 智慧的城市在中国[R].
Nam T，Pardo T A. 2011. Conceptualizing smart city with dimensions of technology，people and institutions[C]. The Proceedings of the 12th Annual International Conference on Digital Government Research.
Palmisano S. 2008. A smarter planet：the next leadership agenda[C]. Council to Foreign Relations，New York City. No. 6.
Poh K W，Yuen P H，Singh A. 2005. Singapore as an innovative city in East Asia：an

explorative study of the perspectives of innovation industries[R]. The World Bank.
Song G, Wu L. 2012. Smart city in perspective of innovation 2.0 [J]. Journal of Beijing University of Posts and Telecommunications (Social Sciences Edition), 14(4): 8~15.
Winters J V. 2010. Why are smart cities growing? Who moves and who stays[J]. Journal of Regional Science, 20(10), 1~18.
Wong P K, Ho Y P, Annette S. 2010. Singapore as an innovative city in East Asia: an explorative study of the perspectives of innovative industries[R].